DESTINATION

PETAOUCHNOK

DES IDÉES VOYAGE QUI CHANGENT TOUT

Raphaël de Casabianca et Antoine Delaplace

hachette

LES AUTEURS

ANTOINE & RAPHAËL

2020

UNE NOUVELLE AVENTURE ENSEMBLE

Après 127 soirées sport & pizza passées ensemble, la 128e va être décisive : c'est ce soir-là que naît l'idée de Petaouchnok ! Un nouveau projet voyage, une nouvelle aventure commune et mille nouvelles idées à la seconde. Banco !

2015

CHACUN SA ROUTE, CHACUN SON CHEMIN

Antoine part travailler dans la communication pendant que Raphaël poursuit ses aventures télévisuelles. Il présente pendant 5 ans le magazine *Échappées Belles* sur France 5 avant de prendre les rênes en 2018 de *Rendez-Vous en Terre Inconnue* sur France 2.

2009

UNE PREMIÈRE ÉMISSION TÉLÉ

On écrit, réalise et présente l'émission *Drôle de Trip* qui sera diffusée sur France Télévisions. Clip de rap dans l'Himalaya, course-poursuite en Bioman dans les rues de Tokyo, porte magique sur l'île de Pâques. 52 épisodes aux 4 coins du monde : culte !

2003

UN TOUR DU MONDE PHOTO !

On monte un projet photographique, on trouve des sponsors, on part 9 mois en Amérique du Sud, en Océanie et en Asie, et on revient avec de superbes photos et un film retraçant cette aventure.

1995

PREMIERS VOYAGES

Notre amitié débute au collège, se nourrit au lycée et se traduit par des premiers voyages mémorables : tour d'Europe avec un pass Interrail, Écosse et Irlande en Eurolines, ou encore Asie du Sud-Est à travers le Cambodge, le Laos et le Vietnam.

BIENVENUE À PETAOUCHNOK

Le livre que vous tenez entre les mains est un concentré de tout ce que nous aimons dans le voyage : des photographies extraordinaires, de l'inspiration pour partir découvrir et explorer le monde, de l'inattendu et de l'optimisme sur toutes les pages (ou presque), et une volonté de s'engager concrètement avec le Secours populaire et son exceptionnelle campagne Vacances.

Cette vision du voyage, nous la partageons tous les jours sur notre compte Instagram avec l'envie de faire émerger des voyages plus originaux, plus responsables et plus optimistes. Autour de ces idées, Petaouchnok est devenu une incroyable communauté de voyageurs enthousiastes : vous êtes les bienvenus !

Ce livre marque notre volonté de porter ce projet aussi loin que possible !
Nous y avons mis toute notre énergie (et un peu plus même !) : on espère sincèrement que ça va vous plaire ! Et que cela va vous donner envie de partir randonner à travers toute l'Italie, explorer le village le plus au nord du globe, traverser l'Inde en rickshaw ou tenter un road trip planant dans les Andes !

PETAOUCHNOK

ANTOINE ET RAPHAËL

petaouchnok

PETAOUCHNOK x SECOURS POPULAIRE

LES VOYAGES FORMENT LA JEUNESSE

Voyager, c'est se frotter à d'autres vérités, s'émerveiller d'un paysage, décentrer son regard pour aller à la rencontre de l'autre. Qu'il soit initiatique, amical, sportif ou artistique, le voyage a la vertu de nous confronter à l'inconnu : il agit comme un révélateur et participe à construire notre vision et notre place dans le monde.

Ces derniers mois, le voyage est devenu un rêve inaccessible, le temps d'une pandémie qui a mis le monde en pause. Cette situation exceptionnelle nous a fait prendre conscience de la chance que nous avions de pouvoir traverser les frontières ou tout simplement être en contact avec la nature.

Pour beaucoup, cette situation d'immobilité n'est pas qu'une parenthèse, c'est une réalité qui dure toute la vie. Beaucoup ne verront jamais la mer ou les montagnes, et n'auront pas la chance de s'évader de leur quotidien, de s'offrir un grand bol d'air ou de vivre des moments de détente entre amis ou en famille.

DES VACANCES POUR TOUS !

Offrir des moments d'évasion aux personnes les plus précaires, c'est ce que fait le Secours populaire depuis plus de 70 ans à travers sa campagne Vacances. Des actions qui permettent chaque année à près de 200 000 personnes de passer une ou plusieurs journées à la plage ou à la montagne, de participer à une sortie culturelle ou à une activité sportive.

S'engager auprès du Secours populaire en soutenant sa campagne Vacances est une des raisons d'être de ce projet. Nous adorons sincèrement l'idée que ce livre puisse faire voyager, rire et rêver, tout en permettant à des milliers d'enfants et de familles de partir réellement en vacances.

UN ENGAGEMENT COLLECTIF

Nous avons donc décidé de reverser tous les droits d'auteurs et les bénéfices de ce livre au profit de la campagne Vacances du Secours populaire. Tous les photographes que nous vous présentons dans cet ouvrage ont ainsi accepté de donner gratuitement leurs photos pour soutenir le projet. Hachette, l'éditeur du livre, a lui aussi accepté de jouer le jeu. Un immense merci à eux… et à vous de participer à cette aventure !

SECOURS POPULAIRE
CAMPAGNE VACANCES

1946 — Première campagne Vacances pour les enfants.

1973 — Des premières vacances sont organisées pour les personnes âgées.

1987 — L'association fait partir des familles entières.

2020 — **200 000 personnes** partent chaque année en vacances grâce au Secours populaire.

LE MOT DU SECOURS POPULAIRE

Le Secours populaire et ses bénévoles œuvrent depuis plus de 70 ans pour favoriser le départ en vacances de personnes en situation de précarité ou de pauvreté en France et à l'étranger avec ses partenaires. Enfants, jeunes ou moins jeunes, familles, personnes isolées, en situation de handicap, migrants-réfugiés... l'association redouble d'efforts pour faire goûter les joies de la mer, de la montagne ou de la campagne aux personnes en difficulté.

La vision positive et humaniste de ce bel ouvrage permet non seulement de s'inspirer, mais aussi d'apporter un regard plus conscient et une ouverture sur le monde. Nous remercions chaleureusement les auteurs et Hachette pour ce précieux soutien à notre campagne Vacances.

SECOURS POPULAIRE FRANÇAIS

MALIKA TABTI
SECRÉTAIRE NATIONALE

SOMMAIRE

Palais de Pena, Portugal

1 OSER PRENDRE DE LA HAUTEUR

2 REMETTRE L'AVENTURE SUR DE BONS RAILS

Église de Guerguéti, Géorgie

Pyramides de Méroé, Soudan

3 EXPLORER UNE NOUVELLE PLANÈTE

4 PASSER EN MODE GREEN

Old Man of Storr, Écosse

Shark Bay, Australie

5 PRENDRE LE LARGE SUR TOUTE LA LONGUEUR

6 SORTIR DE SA ZONE DE CONFORT

7 TOURNER À GAUCHE, MÊME SI C'EST À DROITE

8 CULTIVER LES POUVOIRS DU JETLAG PERMANENT

9 BIEN S'ENTOURER POUR MIEUX REPARTIR

OSER PRENDRE DE LA HAUTEUR

Direction des endroits perchés, inaccessibles, accrochés au sommet d'un pic ou suspendus dans le vide. Rangez votre vertige dans votre poche, préparez-vous à monter quelques marches, admirez la vue. Plus c'est haut, plus c'est bon !

MONT FANJING

Non, vous ne rêvez pas : en haut de ce pic rocheux sorti des nuages, à 2 336 mètres d'altitude, il y a bien **deux temples bouddhistes** reliés par un pont de pierre surplombant une gorge. **C'est un des lieux les plus sacrés pour les bouddhistes chinois.** Et clairement l'un des plus impressionnants de la région ! D'autant que, pour y grimper, il n'y a que 8 888 marches à gravir...

▶ Le mont domine la **réserve naturelle de Fanjingshan**, couverte de forêt primaire où vit un singe endémique, peut-être le plus mignon de la terre : le *Rhinopithecus brelichi* (la preuve p. 186).

ON Y VA ! Depuis Shanghai, comptez 20 heures de train pour la ville de Tongren. L'occasion de réviser votre mandarin, indispensable pour trouver le bus qui conduit au mont Fanjing.

NOTRE TOP 3 DES TEMPLES PERCHÉS EN CHINE

MONT TAI

Son sommet (1 545 m) est accessible après une montée de 6 660 marches... ou par 2 téléphériques !

MONT LAOJUN

Situé dans le Henan, c'est ici que venait en retraite Lao-tseu, le fondateur du taoïsme.

MONT TAYUN

Ce mini-temple de 6 m² est perché depuis 500 ans sur une falaise à 1 665 m d'altitude.

@JORDHAMMOND

Tous les voyageurs photographes que vous croiserez sur Instagram vous le diront : Jord est une légende. Il arrive à capter des ambiances et des lumières d'Asie comme personne. Ses master class photos sont très populaires !

PALAIS DE PENA

Ce palais délirant, perché sur un immense rocher, est né de l'imagination d'un roi d'origine allemande. Après avoir racheté les ruines d'un monastère et tout le parc alentour, **il a mis près de 50 ans et toute son énergie à construire le palais de ses rêves** !

Les seules consignes s'appliquaient aux couleurs : rouge pour les parties anciennes et jaune pour le nouveau palais. Pour le reste, c'était carte blanche, ce qui a donné lieu à un mélange surréaliste de styles et de formes unique au monde !

▶ Pour y accéder, il faut traverser une forêt tout droit sortie d'un film de Tim Burton. Cette petite grimpe fait aussi partie de l'expérience !

ON Y VA ! Ce palais est la porte d'entrée idéale pour une virée bien-être autour de Sintra, à seulement 30 km de Lisbonne.

UN PALAIS QUI A DU STYLE

LA TOUR DE L'HORLOGE

Style gothique.

LE DÔME JAUNE

Style mauresque.

LA JOLIE VUE SUR LA MER

Balcon stylé.

@SEBASTIEN.NAGY

Chacune de ses publications est une pépite ! À 34 ans, ce photographe belge est devenu en quelques mois seulement une référence de la photo aérienne en drone. On aime tellement qu'on a mis 4 de ses photos dans le livre. (Sauras-tu les reconnaître ?)

UNE ESCAPADE 100% HEALTHY
AUTOUR DE SINTRA

La visite de Lisbonne (et de ses 7 collines !) vous a épuisé ? Vous sortez d'une dégustation de pastéis de nata à Belém ? Ou d'une nuit arrosée dans le Bairro Alto ? On a ce qu'il vous faut ! **Partez vous ressourcer autour de Sintra avec nos meilleures adresses 100% bien-être.** Plages paradisiaques, nature préservée, spots de surf, escalade et burgers vegans : inspirez, expirez, c'est parti !

COMMENT Y ALLER... SANS STRESS

Le mieux, vraiment, c'est le train. De la gare du Rossio à Lisbonne – Estação do Rossio comme on dit sur place –, montez dans un train, et, 40 minutes plus tard, vous êtes à Sintra. Zen et détendu.

OÙ DORMIR... AU CALME

1 ALDEIA DA PRAIA, village bien-être

Vous cherchiez une chambre ? Voilà un village entier ! Il y a 12 options pour dormir (du dortoir à la chambre double cosy en passant par la chambre familiale) et mille choses à faire : qi gong, brasserie artisanale, healthy food, fitness, surf ou shiatsu, le tout à deux pas de l'océan. *www.aldeiadapraia.pt*

2 COLINA FLORA, l'hôtel green

5 jolies chambres dans la campagne, près de **Colares,** une piscine, des produits bio, des navettes gratuites pour y accéder, une cuisine végétarienne et locale, un emplacement de rêve et un prix doux. *www.colinaflora.com*

3 SANDHI HOUSE, le paradis zen

C'est vrai, c'est un peu loin (40 minutes de Sintra), mais c'est peut-être ici, à **Ericeira,** petit village de pêcheurs, que vous allez passer le reste de votre vie. Dans une maison dominant l'océan, installez-vous dans l'une des 5 chambres, et laissez-vous aller, entre sessions yoga, cours de surf et nourriture saine. *www.sandhihouse.com*

OÙ MANGER... SAIN & LOCAL

2 FLORES DE CABO, concept store, restaurant bio & galerie d'art

Quand on pousse la porte, on entre dans une autre dimension 100% inspirée par la nature. Design biophilique, nourriture bio, bar à vins naturels, galerie d'art, ateliers yoga. Sans oublier des conseils pour se balader dans la montagne autour. Une pépite à **Colares** ! *flores-do-cabo.business.site*

4 TANAH VEGAN FUN FOOD, burgers colorés

L'adresse qu'il vous faut en cas de fringale à **Cascais.** On se demande encore comment ils arrivent à faire des cheeseburgers rouges sans viande et sans fromage, mais c'est trop bon, pas cher, et chaleureux ! *www.instagram.com/tanahvegan*

5 A PRAÇA, cantine végétarienne

Dans un ancien marché reconverti en cantine, c'est la folie ! Menu unique, végétarien, créatif, préparé avec des produits frais sous vos yeux. Une adresse extraordinaire en plein centre de **Sintra.** *www.instagram.com/apracasintra*

OÙ BOUGER... AU RYTHME DE LA NATURE

2 SALTY WAY, surf et escalade

À **Colares**, un camp de base de rêve pour des sessions d'escalade au-dessus de la mer et de surf sur les meilleurs spots. *www.saltywaytravel.com*

4 SUP COM ALMA, paddle yoga

Osez la reconnexion totale avec une session de yoga sur un paddle dans l'océan face à la baie de **Cascais.** *www.supcomalma.com*

5 Randonnée

La forêt autour de **Sintra** et du palais de Pena est sublime. Plongez-y le temps d'une rando de 2-3 heures, respirez à fond, prenez un arbre dans vos bras et recommencez !

PHARE DE THRIDRANGAR

C'est probablement **le phare le plus isolé au monde** ! Perché depuis 1939 au sommet de ce pilier rocheux à 34 mètres de haut, il se tient fièrement face aux vagues violentes de l'Atlantique nord.

Longtemps déconseillé aux gardiens de phare somnambules, **il est aujourd'hui inhabité**... mais toujours actif. Les opérations de maintenance se font par hélicoptère, avec un atterrissage sur le mini-héliport réservé aux pilotes expérimentés !

Un incroyable clip a été tourné en haut de ce phare. On vous a mis le lien p. 190, parce qu'il vaut vraiment le coup d'œil!

ON Y VA ! Le phare est situé au large des îles Vestmann, au sud de l'Islande. Vent, macareux et volcans sont au programme !

ZOOM SUR LES ÎLES VESTMANN

LES MACAREUX

Dans l'archipel, **on en compte entre 2 et 4... millions** ! Ils viennent nicher ici entre avril et août avant de repartir.

ÎLE D'ELLIÐAEY

Oui, oui, **il y a bien une maison sur cette île**. Et comme on est en Islande, elle est dotée d'un sauna au cas où !

ELEPHANT ROCK

Une excursion en bateau, et hop, vous pourrez tomber sur **une tête d'éléphant géante** plongeant dans la mer !

@ERYCHIST

Letton d'origine et islandais d'adoption, Erik nous plonge dans un monde sauvage et épique avec des photos puissantes prises aux 4 coins de l'Islande.

PARTEZ VOUS RÉCHAUFFER EN ISLANDE

Après votre passage dans les îles Vestmann, cap sur **l'île principale, qui se trouve exactement sur la faille entre les plaques tectoniques européenne et nord-américaine**. Autant vous dire qu'on n'est jamais bien loin du magma et de ses 1 000 °C ! Parfait pour se réchauffer… même en plein hiver !

BAIGNEZ-VOUS DANS DES SOURCES CHAUDES

Dans des grottes, en pleine nature, dans des piscines aménagées, en ville ou au milieu de nulle part, on trouve des sources d'eau chaude partout sur l'île. **Il y a même une carte dédiée qui recense les meilleurs spots naturels.**

LANDBROTALAUG

Petite piscine naturelle de 2 m de diamètre seulement, mais une eau TRÈS chaude (44 °C) et une vue à couper le souffle !

REYKJADALUR

Le petit plus ici, c'est que vous vous baignez dans une rivière d'eau chaude ! Accessible été comme hiver après 1 heure de marche. Incroyable !

SELJAVALLALAUG

L'eau n'y est pas la plus chaude, mais qu'est-ce que c'est beau ! Une baignade indispensable avant ou après la découverte des cascades de Seljalandsfoss et de Skógafoss.

MÝVATN

Ces bains restent ouverts tard et permettent de vivre une expérience folle en hiver : vous êtes au chaud dans l'eau et, au-dessus de vous, surgit une aurore boréale !

UN VOLCAN TOUT NOUVEAU TOUT CHAUD

DANS LA PÉNINSULE DE REYKJANES, près de la capitale Reykjavík, ça secoue depuis le 19 mars 2021 ! **Après un an de microséismes, une fissure est apparue**, puis des coulées de lave, puis d'impressionnantes fontaines de lave de plus de 300 mètres de haut, pour enfin donner naissance à un bébé volcan qui répond au doux nom de Fagradalsfjall.

Mais ici, personne ne panique. On a vu les habitants jouer au volley à côté de la lave, des chefs y faire cuire des pizzas, et des dizaines de photographes perdre leur drone au-dessus du volcan… Heureusement pas Stéphane Ridard, qui nous offre cette magnifique photo !

@STEPHANERIDARD

Photo rare du Elfest, plus grand rassemblement d'elfes d'Islande !

54% DES ISLANDAIS Y CROIENT : C'EST CHAUD !

LE HULDUFÓLK, le « peuple caché », composé d'elfes et de trolls, est pris très au sérieux en Islande ! **Des routes sont déviées pour ne pas les déranger**, des médiums permettent de communiquer avec eux, **on leur donne à manger à Noël**, et certains Islandais leur construisent même des petites maisons en bois dans leur jardin !
La prochaine fois que vous foulerez les terres islandaises, soyez attentif, ils sont partout.

LES 8 COMMANDEMENTS ISLANDAIS

En arrivant en Islande, tout le monde est invité à **signer une charte d'engagement pour un tourisme responsable**. Rester sur les sentiers balisés, ne pas se garer n'importe où, planter sa tente dans les endroits autorisés… Ça marche en Islande, et ça marche partout !

À retrouver ici, avec même des tutos vidéo pour bien comprendre :
https://visiticeland.com/pledge

JE M'ENGAGE

ÉGLISE DE WENDELSTEIN

C'est officiellement **la plus haute église d'Allemagne.** Perchée à 1 836 mètres sur un promontoire rocheux, c'est un point de repère immanquable pour les randonneurs et les skieurs, sauf quand elle est en mode camouflage en plein hiver !

▶ Pour y monter, été comme hiver, vous avez le choix entre 2 options : classique, grâce à la **télécabine vertigineuse**, ou insolite, avec montée en **petit train jaune à crémaillère** qui vous dépose en haut.

ON Y VA ! La mini-station de Wendelstein-Brannenburg est à moins d'une heure de Munich, dans les Préalpes bavaroises. Un paradis pour les amoureux de nature.

PRENEZ DE LA HAUTEUR AVEC L'ALLEMAGNOMÈTRE

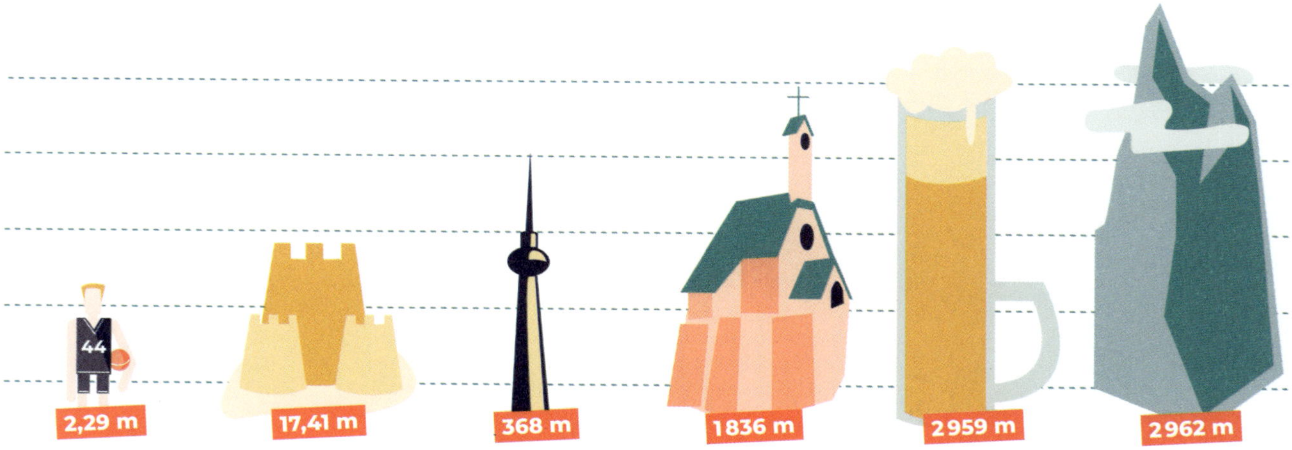

Le plus grand Allemand vivant
Shawn Bradley

Le plus haut château de sable
Duisburg

Le plus haut bâtiment
la Fernsehturm de Berlin

La plus haute église
Wendelstein

Le plus haut bar à bière
au refuge Münchnerhütte

Le plus haut sommet
Zugspitze

@VINCENTCROCE

Le compte de Vincent est rempli de forêts, de campagne et de nature, avec des photos pleines de poésie prises principalement autour de chez lui en Hollande, et de temps en temps en Allemagne. Ça fait du bien sur un feed Instagram !

MONASTÈRE DE SÜMELA

Voici l'un des plus vieux monastères du monde ! La chapelle construite dans la falaise en l'an 386 s'est petit à petit transformée pour devenir cette construction hallucinante, suspendue dans le vide ! **72 chambres, plusieurs terrasses, une bibliothèque et même un aqueduc** : ce monastère orthodoxe est un trésor.

Derrière le bâtiment, le spectacle continue avec la fameuse église d'origine creusée dans la roche et des mini-chapelles recouvertes de fresques (visite privée à ne pas rater p. 194).

▶ Quand on voit des merveilles pareilles, ça donne envie de **partir en road trip en Turquie**, non ?

ON Y VA ! Montagnes culminant à près de 4 000 m, lacs, rafting et randonnée : on est presque dans les Alpes suisses ! **La région s'appelle même les Alpes pontiques**.

@FATIHMORGUEL

Fatih Morgül est un jeune photographe turc très talentueux qui nous a scotchés avec sa série de photos sur ce monastère.

2 MOIS DE VANLIFE EN TURQUIE

« Littoral incroyable, villes authentiques, montagnes de caractère, désert unique, immenses lacs… On en prend plein les yeux à chaque virage ! »

Et pourquoi pas la Turquie en van ? C'est en se posant la question qu'on a découvert le périple de Caro et Fred, qui revenaient d'un voyage de 12 mois sur la route de la soie dont 2 mois à travers la Turquie. Et quand on a appris qu'ils avaient fini leur road trip en se mariant à Pondichéry, on a su que c'était eux qu'il nous fallait comme guides !

3 VALLÉE DES PAPILLONS

« C'est un vrai coin de paradis sur la côte lycienne et on vous conseille vivement la randonnée pour vous y rendre. **Arrivé sur la plage, on a ce sentiment d'un bout du monde.** »

CARO & FRED

Après un tour du monde en sac à dos et une route de la soie en van, ces 2 amoureux voyageurs continuent de sillonner les routes à bord de Pépère, leur camping-car, accompagnés de Rouflaquette, leur chat fétiche !

▶ www.casquetteetbaskets.com

1 LAC DE BAFA

« Le lac s'étend sur plusieurs kilomètres, si bien que l'on ne savait pas par quel bout commencer. C'est un site archéologique qui s'offre à nous, avec de nombreuses tombes immergées. Mais surtout **un lac mythique, entre flamants roses et pierres tombées du ciel semblant flotter sur l'eau…** »

PAMUKKALE 2

« À force d'avoir vu ces piscines naturelles en photo, nous avions peur de regretter ce passage ici. Finalement, on y est allés à 17 h, on s'est trouvé des endroits isolés, et le coucher de soleil rosé face à cette immense tache blanche est loin de nous avoir déçus ! **C'est un endroit magique.** »

4 CAPPADOCE

« La Cappadoce est définitivement un endroit à découvrir… Nous vivons des réveils magiques face à des décors féeriques, où le soleil se lève en même temps que les centaines de ballons multicolores. On se perd dans ce labyrinthe de roches sculptées et soudain nous voilà seuls dans un monde venu d'ailleurs. **Un conseil : levez-vous tôt et appréciez le spectacle.** »

LEURS 5 RAISONS DE PARTIR EN VAN

1- DES SPOTS PARFAITS POUR STATIONNER

La Turquie regorge de lieux idéaux pour se garer en van, avec même la plupart du temps des barbecues en accès libre.

2- UN ACCÈS À L'EAU SUPER SIMPLE

Des points d'eau nombreux et accessibles : aucun problème pour remplir ses réserves d'eau !

3- UN RÉSEAU ROUTIER ÉTENDU

Un combo parfait de routes en bon état et d'essence pas chère (0,50 €/litre) pour partir à l'aventure !

4- L'HOSPITALITÉ LÉGENDAIRE DES TURCS

Un accueil avec le sourire 100% garanti en Turquie, ce qui promet des rencontres et des moments de partage mémorables.

5- UNE MÉTÉO EN OR

En été, il peut faire (très) chaud, mais, au moins, il n'y a pas trop de risque de pluie ! Et au pire, on trouve toujours de la fraîcheur en partant dans les hauteurs.

LAC DE VAN 5

« Direction le lac le plus alcalin du monde, non loin de la frontière iranienne. On y mangera avec une famille kurde étonnée de voir des étrangers dans ce coin et on y boira du *çay* avec Mehmet, qui nous dit : "Peu importent ta langue, ta culture et ta couleur de peau, on est tous humains." **Ça restera un de nos plus beaux souvenirs, dans un endroit iconique.** »

REMETTRE L'AVENTURE SUR DE BONS RAILS

**Rendez-vous sur le quai n° 7, face à la voiture 12.
Prenez simplement quelques livres, une bonne playlist et un appareil photo.
Et surtout, n'oubliez pas votre passeport : ce voyage va vous mener plus loin que vous ne l'imaginez !**

LAC DE BLED

ON Y VA ! Bled et son lac sont situés à moins d'une heure de Ljubljana, et a à peine plus de 16 heures de Lyon en train. De quoi donner quelques idées pour pousser jusqu'en Grèce…

La superbe région de Bled est connue pour ses thermes, son château perché sur une falaise abrupte… et sa petite île adorable au milieu d'un lac sur laquelle est posée fièrement l'église Sainte-Marie-de-l'Assomption depuis le 15e siècle. C'est beau, et quand il neige, c'est sublime.

Réfléchissez bien avant de vous marier ici… surtout si vous êtes le marié. Car la tradition veut que **l'homme porte sa future épouse le long des 99 marches** !

▶ **Fun fact** : l'île de Bled est la seule et unique île du pays.

UNE ÎLE, 3 APPROCHES

En **bateau** ou en **paddle**, Bled est fac'île d'accès quelle que soit la météo.

En **parapente**, vue d'en haut, elle est particulièrement jol'île.

Un lieu magique pour **randonner** en écoutant les 4 Saisons de Vivald'île !

@CARE4ART

Julian n'est pas compliqué : il aime la nature, les grands espaces et les ambiances un peu dark. Autant vous dire que ça lui ouvre un immense terrain de jeu aux 4 coins du monde !

PIQUER UNE TÊTE DANS LES ÎLES GRECQUES

Si à Bled vous avez pris goût à la vie insulaire, on a ce qui vous faut. **Partez donc en Grèce avec un pass Interrail !** Un billet qui permet de voyager en train en illimité dans toute l'Europe, avec des trajets en ferry inclus (pratique pour aller sur les îles grecques). Suivez le guide : le trajet s'annonce mémorable !

STEP 1 DIRECTION BLED

Une traversée de la Suisse, qui enchaîne avec le nord de l'Italie via Milan et Vérone, **un stop possible à Venise**, et une arrivée à Bled, son château, son lac… et son île. Le trajet commence fort !

② BELGRADE

Surnommée **la Barcelone des Balkans** pour sa vie nocturne, la capitale de la Serbie pourra vous plaire aussi en journée, avec le quartier bohème de Skadarlija ou la vieille ville de Zemun.

① ZAGREB

La capitale de la Croatie va vous surprendre avec sa vieille ville paisible… **et ses musées insolites** comme ceux de la Rupture amoureuse, de la Gueule de bois et des Champignons !

③ SKOPJE

Voilà un arrêt dont vous vous souviendrez longtemps ! Déjà parce que **la ville est jumelée avec Dijon**, et aussi parce que cela va vous permettre de situer sur une carte la Macédoine du Nord et sa capitale. On vous conseille un petit détour de 175 km sur le lac d'Ohrid (en photo). C'est magique !

STEP 2
LA TRAVERSÉE DES BALKANS

Un programme festif et inattendu avec d'abord la Croatie, puis la Serbie et la Macédoine du Nord, avant d'arriver à Thessalonique en Grèce. Ce ne sont pas les trains les plus rapides du monde, mais vous aurez le temps de faire des rencontres extraordinaires !

Chora, sur l'île de Skyros

STEP 3
LES ÎLES SPORADES

Ça y est ! Un dernier trajet de 4 heures en ferry, et vous voilà sur les îles Sporades ! **À vous les plages de sable fin, l'eau turquoise, les jolis villages et les chemins de rando** dans les pinèdes et les oliviers ! Authentique et préservé, l'archipel des Sporades, avec ses 4 îles habitées et sa constellation d'îlots sauvages, va vous plaire. Bonne baignade !

CASCADES DE BAN GIOC

ON Y VA ! Si vous n'êtes pas moto, il y a l'option bus. 8 heures depuis Hanoï jusqu'à Cao Bang, puis comptez à nouveau 2 heures jusqu'aux chutes.

Ces chutes d'eau sont les plus importantes du Vietnam et pas loin d'être les plus belles d'Asie ! Au milieu d'impressionnants pics karstiques couverts de végétation épaisse, la rivière Quây Son se jette de 30 m de haut et sur plus de 100 m de large, créant un décor époustouflant !

Pour y accéder, on vous suggère l'option moto, en intégrant ces chutes dans la fabuleuse boucle du nord-est du Vietnam, entre rizières, montagnes, routes sinueuses et minorités ethniques, le long de la frontière avec la Chine.

▶ Si vous êtes partant pour l'aventure dans le nord du Vietnam, vous allez adorer l'odyssée pour atteindre le pays… en train (ça se passe page suivante).

3 RAISONS DE TRAVERSER LE VIETNAM À MOTO

Des motos ultra simples à prendre en main. Pas besoin de permis. Juste un casque, et hop, à vous les routes vietnamiennes !

Des routes dans des paysages de rêve, à travers des villages, la campagne et même des dunes de sable si vous passez par Mui Ne.

Une occasion unique de se perdre, de s'abriter de la pluie, de crever une roue au milieu de nulle part et de finir chez l'habitant : inoubliable !

@NOTANOTHERMICA

Mica est un photographe portugais basé en Belgique qui est du genre à prendre son van et à partir à l'aventure en pleine nature. Ambiance poétique garantie…

DISCO TRIP
DIRECTION SAÏGON

Préparez-vous pour un voyage exceptionnel et déjà mythique ! La traversée en train de l'Europe et de l'Asie pour vous offrir une folie musicale ultime : un karaoké au cœur de la trépidante Hô Chi Minh-Ville (ou Saïgon). Prenez juste quelques livres et votre passeport avec les bons visas : on s'occupe de la playlist !

POUR ÉCOUTER LA PLAYLIST PETAOUCHNOK

TRANSSIBÉRIEN

Le musicien **Thylacine** a pris le Transsibérien pendant 13 jours et y a composé un magnifique album inspiré des rencontres, des sons et de l'ambiance de ce train. Bonus : son documentaire qui nous plonge dans l'aventure.

UN TRAJET FOU ET (TRÈS) LONG !

- **ÉTAPE 1** **Paris** > **Moscou** : 40 heures.
- **ÉTAPE 2** **Moscou** > **Pékin** : 7 jours.
- **ÉTAPE 3** **Pékin** > **Hanoï** : 35 heures (environ).
- **ÉTAPE 4** **Hanoï** > **Hô Chi Minh-Ville** : 31 heures.

MOSCOU FEVER

Pour fêter comme il se doit vos 40 premières heures de train, écoutez l'immanquable *Moskau 1979*, du groupe allemand **Dschinghis Khan**. Votre nuit moscovite va être mémorable !

STEPPES N' ROSES

Pour cette partie en Transmongolien, les albums du groupe mongol **The Hu** sont parfaitement adaptés. Le chant de gorge n'aura plus de secret pour vous, ni le hard-rock des steppes !

VERS LE JAPON

Ici, embranchement possible pour les fans de Japon, de neige et de grues (voir page suivante).

NO WOMAN, NO RICE

Pour mettre du soleil dans ce trajet, écoutez en boucle le groupe **Kawa**, LA référence du reggae chinois. Coup de cœur assuré !

MY TÂM MITSOUKO

Profitez de ce dernier trajet à travers tout le Vietnam pour réviser vos classiques de la pop vietnamienne avec les tubes de **My Tâm**, la Céline Dion locale. Ce karaoké s'annonce magique !

MONT FUJI

On ne le présente plus ! **Volcan de 3 776 mètres** à la symétrie presque parfaite, symbole du Japon, représenté des milliers de fois en peinture, photographié des millions de fois… c'est le mont Fuji !

Chaque année, près de 300 000 personnes partent gravir le volcan pendant la saison officielle, qui dure de juillet à septembre.

▶ Pour ceux qui voudraient y monter, gardez bien en tête ce proverbe japonais : *« Celui qui gravit le mont Fuji une fois est un sage, celui qui le fait deux fois est un fou. »*

ON Y VA ! Situé à 2 h 30 de Tokyo, le mont Fuji est une excursion parfaite à la journée. Sur place, louez des vélos et roulez autour de ses 5 lacs.

PARIS > TOKYO EN TRAIN : 9 JOURS DE FOLIE

PARIS > MOSCOU

L'Allemagne, la Pologne et la Biélorussie sont au programme de cette étape de mise en jambes.

MOSCOU > VLADIVOSTOK

Le Transsibérien, et en entier ! 9 288 km, 990 gares et près de 7 jours de voyage mythique.

VLADIVOSTOK > TOKYO

D'abord un trajet en ferry, puis la découverte du Shinkansen, le TGV japonais TRÈS ponctuel.

@HIRO_510

C'est le plus beau compte que l'on connaisse sur le Japon ! Chaque nouvelle photo de Hiro est un pur shot nippon, magnifique et poétique. Ça donne très, très envie de prendre un billet… de train bien sûr !

TESTER LA NEIGE AU JAPON

Il paraît que la neige nippone n'a rien à voir avec celle que l'on connaît chez nous. Pour le vérifier, Elisa et Max (2 globe-trotteurs comme on les aime) sont partis explorer **Hokkaido, une des îles les plus sauvages du Japon**. Le moins qu'on puisse dire, c'est qu'ils ont su faire parler la poudre !

BESTJOBERS

Depuis 10 ans, Max et Elisa forment les Bestjobers et nous font rêver avec leurs voyages aux 4 coins du monde. Photos, textes, bons plans et bonne humeur : tout y est !

▶ www.bestjobersblog.com

1 NEIGE FRAÎCHE À RUSUTSU

« Skier avec une vue sur des volcans enneigés d'un côté et l'océan de l'autre, c'est un peu ça, **Rusutsu**. À savoir : ici, c'est entre 12 et 14 m de poudreuse qui tombent chaque année ! »

« Au départ, on était un peu dubitatifs sur cette histoire de neige, mais c'était avant que nous fassions notre première descente. **Une glisse comme jamais nous n'avions expérimenté**, même au plat, ma planche avançait toute seule ! »

« Il nous regarde couvert de neige et impose un immense respect du haut de ses 13 mètres ! Quelle claque ! »

2 BOUDDHA SOUS LA NEIGE

« Dans l'immense **cimetière de Makomanai Takino**, c'est d'abord une rangée de 40 statues miniatures de l'île de Pâques qui nous accueille. Puis une réplique presque parfaite de Stonehenge, les célèbres mégalithes d'Angleterre. Et enfin, au bout d'un tunnel, une statue massive de Bouddha. »

NEIGE ET FEU DANS LA VALLÉE DE L'ENFER ! 3

« Dans la station thermale de **Noboribetsu Onsen**, l'expérience est totale. Ambiance de fin du monde avec des eaux et des fumerolles sulfureuses jaillissant de la montagne. »

4 NEIGE ET GLACE EN CANOË !

« Une expérience hors du commun pour finir ! La descente en canoë dans le **parc national Kushiro Shitsugen**, par - 18 °C, sur la rivière qui fume et dans le silence absolu de la campagne enneigée. Et soudain, des grues du Japon ! »

« C'est tout simplement magique de se laisser dériver par le courant dans un écrin naturel de toute beauté. »

ALORS, LA NEIGE AU JAPON ?

Déjà, il en tombe énormément sur l'île d'Hokkaido, et comme il fait très froid, elle est beaucoup plus sèche que chez nous. Donc plus douce et plus légère. **La meilleure neige du monde ? On vous laisse aller voir !**

ÉGLISE DE GUERGUÉTI

Datant du 14e siècle, cette église bénéficie d'un emplacement de rêve, **perchée à 2 170 mètres face aux montagnes du Caucase** qui forment la frontière avec la Russie. Idéal pour la prière, la méditation (avec un pull) ou les grandes randonnées.

▶ Cette église sert d'ailleurs de camp de base pour l'ascension du mont Kazbek, deuxième plus haut sommet de Géorgie avec ses 5 047 mètres. Une belle idée de voyage en perspective…

ON Y VA ! La Géorgie est un pays superbe… avec un alphabet superbe ! La preuve, l'église de la Trinité de Guerguéti s'écrit comme ça en géorgien : გერგეტის სამების ეკლესია

@RAZAHAZA

C'est un peu grâce à Aleksei et son incroyable photo de cette église qu'on a découvert la Géorgie : on ne le remerciera jamais assez !

GRAVIR SON PREMIER 5 000 M EN GÉORGIE

Comment ça, des montagnes de plus de 5 000 mètres dans le Caucase ? Mais alors, le mont Blanc ne serait pas le plus haut sommet d'Europe ? Mais le Caucase, c'est en Europe ou pas ? On vous propose de prendre le temps de réfléchir à ces questions existentielles en embarquant pour **une aventure exceptionnelle à travers toute l'Europe, direction la Géorgie et son fameux mont Kazbek aux 5 047 m**. Et en train bien sûr !

UN TRAJET DE FOU JUSQU'EN GÉORGIE !

ÉTAPE 1 Paris – Istanbul

Un trajet de 2 jours et 2 nuits à travers la France, l'Allemagne, l'Autriche, la Hongrie, la Roumanie, la Bulgarie et enfin la Turquie ! **Une pause à Vienne ou Budapest est la bienvenue !**

ÉTAPE 2 Istanbul – Kars

Un passage par Ankara, avant d'embarquer pour **un des plus beaux trajets ferroviaires de la planète,** entre montagnes enneigées, vallées encaissées et déserts arides à travers l'Anatolie. 25 heures de bonheur !

ÉTAPE 3 Kars – Batumi (ბათუმი) **– Tbilissi** (თბილისი)

Attention, ça se complique. Un bus d'abord pour **atteindre la frontière au bord de la mer Noire**. Traversée de la frontière à pied, puis rebus pour Batumi en Géorgie, où l'on monte dans le train direction Tbilissi pour un parcours de nuit de 9 heures environ. Sommeil mérité !

ÉTAPE 4 Tbilissi (თბილისი) **– Stepantsminda**

Un dernier trajet en bus d'à peine 3 heures. En espérant que vous avez gardé des forces, parce que demain, ça va grimper sur le **mont Kazbek** !

L'ASCENSION DU MONT KAZBEK

Ce 5 000 ne présente aucune vraie difficulté. Une bonne condition physique et un bon guide suffisent pour en venir à bout. Petit bonus : l'ascension vous fera passer en Russie !

JOUR 1 Église de Guerguéti – Camp de base (3 650 m)

Une montée en jeep jusqu'à l'église, et c'est parti ! Superbe ascension avec des vues imprenables sur les sommets du Caucase et traversée de glacier pour arriver au camp de base, une vieille station météo soviétique. Bivouac conseillé !

> 6-7 heures de marche au total.

JOUR 2 Ascension du mont Kazbek (5 047 m)

Départ à 2 h du matin, avec frontale, corde et crampons pour affronter les nombreuses crevasses du glacier de Guerguéti. Le final est raide, mais après 7 heures de montée, la vue au sommet sur tout le Caucase et la mer Caspienne est féerique ! Puis c'est la descente : 4 heures jusqu'au camp de base, et 4 heures de plus pour l'église. Une gorgée de *tchatcha*, l'eau-de-vie locale, et au lit !

> 15 heures de marche au total ! Rassurez-vous, on a tout prévu pour la récupération !

3 SPOTS POUR S'EN REMETTRE

SVANÉTIE

On commence par un petit décrassage dans le nord-ouest du pays, dans une région exceptionnelle avec vallées encaissées et villages de pierre aux incroyables tours-maisons.

ANANOURI

Une forteresse du 13e siècle comprenant notamment 2 églises et un monastère orthodoxe. Le tout surplombant le lac de Jinvali. **Idéal pour reprendre des forces** !

LA ROUTE DES VINS EN KAKHÉTIE

Vous avez mérité un tour dans les meilleurs vignobles de Géorgie, pays inventeur du vin et célèbre pour son vin orange. **Récup' terminée** !

VILLAGE DE HENNINGSVÆR

ON Y VA ! Les îles Lofoten se trouvent au nord du cercle polaire… et pourtant, il ne fait pas si froid grâce au Gulf Stream qui vient réchauffer l'ambiance.

Ce village résume parfaitement la magie des Lofoten ! Décor sublime entre mer, fjords et falaises, maisons de pêcheurs colorées, poisson séché à tous les coins de rue, aurores boréales en hiver et soleil de minuit en été. Il ne manquerait plus qu'il y ait le stade de foot le plus dingue du monde !

▶ Pas de gradins dans ce stade, mais un emplacement extraordinaire sur le dernier caillou du village… Ce qui oblige les joueurs du club local à faire preuve de précision !

CHERCHEZ L'INTRUS

Dormir dans un *rorbu*, l'une de ces cabanes de pêcheurs colorées construites au bord de l'eau, fait clairement partie des petits bonheurs associés aux Lofoten. Mais attention : **parmi les 3 cabanes ci-dessous, l'une n'est pas norvégienne. Saurez-vous trouver laquelle ?** (Réponse p. 186)

CABANE ROUGE

CABANE BLEUE

CABANE JAUNE

@LUDOVICFREMONDIERE

Ludovic est un photographe-réalisateur basé en Haute-Savoie. Pas étonnant que son compte soit rempli de sommets enneigés, de lacs et de chemins de randonnée. Et puis parfois, un peu de mer. Parfait !

CHASSER LES AURORES BORÉALES SUR LES ÎLES LOFOTEN

C'est parti pour une aventure fantastique **direction le cercle polaire en plein hiver** pour tenter d'apercevoir en vrai des aurores boréales !
On vous attend sur le quai de la gare : n'oubliez pas votre doudoune et un pied d'appareil photo pour rapporter des souvenirs magiques !

PARTEZ EN TRAIN VIA COPENHAGUE ET OSLO

JOUR 1 **Paris – Copenhague – 13 heures**

Une première journée intense mais étonnante : **le train monte dans un ferry** pour passer d'Allemagne au Danemark ! La soirée sur les canaux de Copenhague va être courte.

Copenhague

JOUR 2 **Copenhague – Oslo – 8 heures 30**

Une journée simple, courte et efficace. Vous passez à Göteborg puis filez à Oslo en fin d'après-midi. **Si vous avez acheté à l'avance votre place pour l'Opéra, bien joué.** Sinon, passez quand même voir le bâtiment : il vaut le détour !

JOUR 3 **Oslo – Bodø – 17 heures**

Une journée à travers des paysages de rêve, suivie d'une nuit, toujours dans des paysages de rêve… mais de nuit. 17 heures de trajet en tout, suffisant pour comprendre comment se créent les aurores boréales !

Bodø

JOUR 4 **Bodø – Moskenes – 3 heures 15**

Une petite traversée en ferry pour finir. Le rêve ! **À vous les folles nuits des Lofoten** et leurs aurores boréales !

3 CONSEILS POUR UNE BONNE CHASSE

Les aurores boréales se produisent lorsque des particules solaires attirées par les pôles entrent en collision avec les atomes de l'atmosphère terrestre. C'est donc **un phénomène difficilement prévisible**. Mais grâce à nos 3 conseils, vous allez maximiser vos chances de profiter du spectacle.

VENEZ À LA BONNE SAISON

D'octobre à mars, les nuits sont longues et bien noires. Idéal.

REGARDEZ LA MÉTÉO

La Norvège a développé l'appli **NorwayLights** qui prévoit l'arrivée des aurores boréales 3 jours à l'avance. Pratique.

ÉLOIGNEZ-VOUS DE LA VILLE

Plus la nuit est noire, sans lune et sans lumière de la ville, mieux c'est. Un prétexte idéal pour partir en pleine nature. Génial !

3 ACTIVITÉS POUR EN PROFITER AU MAXIMUM

LE KAYAK DE MER

OPTION RÊVE Prenez des gants, une doudoune et une lampe frontale, pour pagayer dans des paysages spectaculaires au large de **Borgvåg**. Partez à 20h et revenez à minuit, des souvenirs plein la tête.

LES RAQUETTES

OPTION RELAX Partez loin de la ville à raquettes sur le plateau d'**Ytresand**, et installez-vous pour admirer le ballet des auroresboréalesdansantsousvosyeux.En bonus, un feu de camp et une boisson chaude !

LE SURF

OPTION GIVRÉE À **Unstad**, venez avec votre planche et une grosse combinaison (eau à 5 °C). Prenez la vague et priez pour que votre pote ait de la batterie pour filmer cet instant où vous surfez sous une aurore boréale !

EXPLORER
UNE NOUVELLE PLANÈTE

5… 4… 3… 2… 1… 0 !!! Décollage immédiat pour la planète Terre, où vous attendent des paysages dignes des meilleurs films de science-fiction, qui n'ont pas fini de vous étonner.
Des spots que toute la galaxie nous envie !

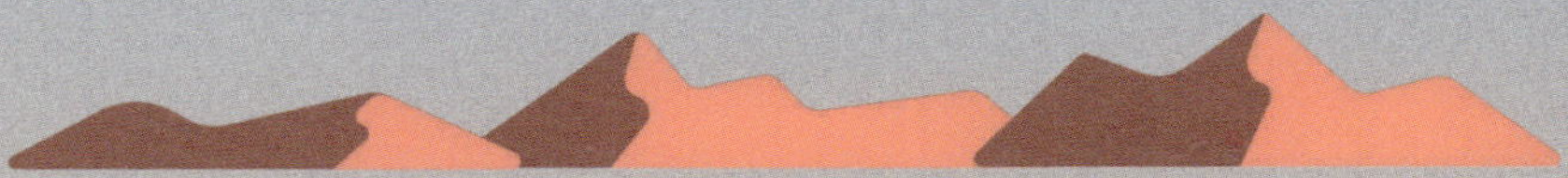

PYRAMIDES DE MÉROÉ

Cet endroit semble irréel, tout droit sorti de *Star Wars*... et pourtant, tout est vrai ! Comme leurs cousines d'Égypte, **ces pyramides sont des tombeaux construits pour les souverains de l'époque**, surnommés les pharaons noirs. Et comme leurs voisines, elles se trouvent dans un désert, à deux pas du Nil.

▶ Vieilles de 2 000 ans, elles n'ont été inscrites au patrimoine mondial de l'Unesco qu'en 2011.

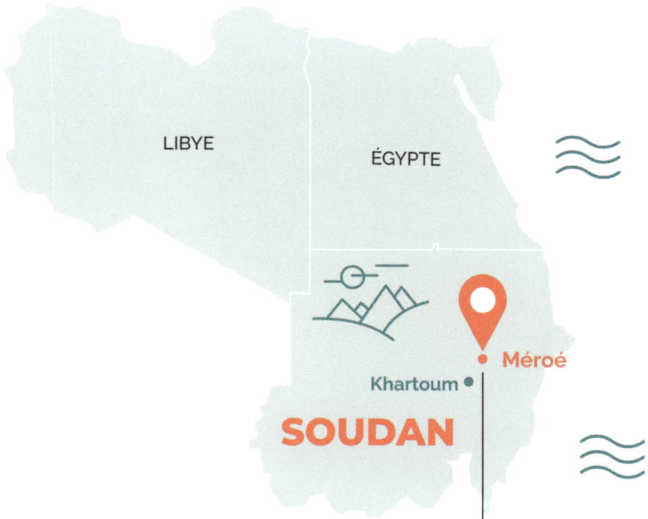

ON Y VA ! Ce site est à 200 km au nord de la capitale Khartoum, dans le désert de Nubie. Renseignez-vous bien sur les conditions de sécurité avant de vous y aventurer.

@KAROURI

Hisham photographie le Soudan depuis plus de 10 ans et en dresse un portrait magnifique et optimiste. On aime beaucoup !

LES MYSTÉRIEUX ROYAUMES OUBLIÉS DE NUBIE

La Nubie, vaste zone s'étendant du sud de l'Égypte à l'actuel Soudan le long du Nil, a donné naissance, il y a plus de 4 000 ans, à l'une des plus grandes civilisations d'Afrique : **le royaume de Koush**. Tour à tour partenaires, ennemis et vassaux de leurs voisins égyptiens, les souverains koushites ont laissé de leur passage des traces extraordinaires... **que l'on commence à peine à découvrir**.

À LA RECHERCHE DES TEMPLES PERDUS

Les archéologues ont longtemps laissé les Koushites dans l'ombre des Égyptiens, alors qu'aux dernières nouvelles, il semble qu'ils aient été aussi puissants (voire plus !) que leurs voisins. La preuve en images avec des vestiges de près de 40 siècles !

1

GEBEL BARKAL

Autour de cette montagne sacrée, on retrouve une succession de sites archéologiques comprenant des tombeaux avec et sans pyramide, des chambres funéraires, des palais et des bâtiments d'habitation. *The place to be* de l'époque !

2

RUINES DE NAQA

C'est l'un des sites de ruines les plus étendus du Soudan, qui n'a pas fini de révéler ses mystères. Pourquoi l'un des dieux koushites est-il représenté comme un lotus en fleur avec 3 têtes et 4 bras ? Y aurait-il une connexion avec l'Inde ?

3

PYRAMIDES DE NOURI

Cette nécropole, c'est un peu la fête des pyramides, puisqu'elle rassemble les chambres mortuaires de 21 rois et de 52 reines, princesses et princes. Les fans d'archéologie seront heureux d'apprendre qu'ici, **la tombe se situe sous la pyramide et non à l'intérieur comme en Égypte**, ce qui rend l'exploration plus difficile.

À LA POURSUITE DES PHARAONS NOIRS

Souvent dominés par les Égyptiens, les souverains koushites ont eu leur moment de gloire aux 8e et 7e siècles avant Jésus-Christ. Aidés par des guerriers d'autres royaumes d'Afrique noire, **ils ont battu les Égyptiens et régné sur un empire allant du Soudan jusqu'à la Méditerranée**. Ce fut la grande époque des « pharaons noirs ».

220

C'est le nombre de pyramides que compte le Soudan, quand l'Égypte n'en a « que » 130. Comme quoi, les pyramides, ce n'est pas qu'une affaire d'Égyptiens ou de Mayas !

PLAN B

LES RUINES SOUS L'EAU EN MER ROUGE !

Pour les fans de plongée qui n'aiment pas trop le désert, il y a l'option plage, eaux transparentes, récifs de corail, bancs de poissons colorés et raies mantas avec les 700 km de côtes sur la mer Rouge ! Et bien sûr, si l'aventure vous manque, **allez explorer l'une des plus belles épaves de la planète**, le navire *Umbria* qui gît, en parfait état, à 30 m de fond.

VALLÉE DE LA GERIA

Ce paysage lunaro-volcanique est l'un des plus incroyables de Lanzarote ! C'est ici, dans ces mini-cratères cerclés de murs de pierre, que poussent **les meilleures vignes de l'île** !

Ces cratères ont un double intérêt : permettre aux racines d'atteindre le sol fertile caché sous une épaisse couche de lave, et faire couler la rosée en pente douce pour offrir l'humidité nécessaire à la croissance de la vigne. Les murs, enfin, sont là pour protéger les vignes des vents secs et chauds venant de l'Atlantique.

▶ N'oubliez pas de vous arrêter visiter une bodega pour déguster ce vin volcanique accompagné de quelques tapas. Il a très bonne réputation !

ON Y VA ! Lanzarote est une des 7 îles principales de l'archipel espagnol des Canaries, situé à 100 km au large du Maroc.

@QB.PIXELS

Avec son drone, Quentin sait tout faire ! Et comme il voyage beaucoup, son compte est un pur bonheur à suivre.

EXPLORER LA GALAXIE
LANZAROTE

Au début, on pense que tout est normal à Lanzarote : des plages de rêve, des petits villages charmants et un soleil quasi permanent. C'est seulement quand on s'y aventure un peu plus qu'on découvre **des paysages et des environnements complètement lunaires**, tout droit venus d'une autre planète ! **Enfilez votre combinaison, on décolle !**

DES PAYSAGES LUNAIRES

1 PARC NATIONAL DE TIMANFAYA

La première impression en arrivant à Timanfaya, c'est d'avoir été télétransporté sur une autre planète ! Las Montañas del Fuego, comme on dit ici, offrent un spectacle sidéral, avec **des cônes volcaniques multicolores et des mers de lave.**

3 LAC LOS CLICOS

Les couleurs autour du lac sont presque psychédéliques ! **Une étendue d'eau salée d'un vert 100% naturel,** des falaises brun et ocre, une plage de sable noir et le bleu de l'océan.

2 MIRADOR DEL RÍO

À la pointe nord de l'île, il y a le mirador del Río, **perché à 475 m d'altitude**, qui offre une vue extraordinaire sur la petite île de la Graciosa. Elle aussi semble venir d'une autre galaxie...

LA PETITE SŒUR DE LA PLANÈTE MARS

Depuis 2013, **l'Agence spatiale européenne organise régulièrement des stages à Lanzarote pour former ses astronautes** aux futures conditions de vie... sur Mars ! Au-delà des similitudes visuelles entre la planète rouge et le parc national de Timanfaya, c'est le terrain volcanique lui-même qui intéresse les chercheurs.

> Thomas Pesquet connaît bien l'île pour y avoir suivi quelques stages entre deux vols dans l'espace.

SOUS L'OCÉAN, UN MUSÉE VOUS ATTEND

Ressentez la sensation d'apesanteur en visitant le Museo Atlántico, **un musée sous-marin extraordinaire** qui propose un parcours à travers plus de 300 sculptures immergées ! En plus de nous interroger sur les divisions existant dans nos sociétés, ces installations vont générer petit à petit un récif artificiel à grande échelle.

> La plongée/visite dure entre 35 et 40 minutes, et les plus fous pourront tenter l'expérience de nuit !

LES CANARIES, UN UNIVERS VOLCANIQUE

Chacune des 7 îles principales de l'archipel est une planète à part entière ! Tantôt aride et plate, tantôt montagneuse et tropicale, avec des plages de rêve, des volcans de toutes tailles, des villages au charme dingue...

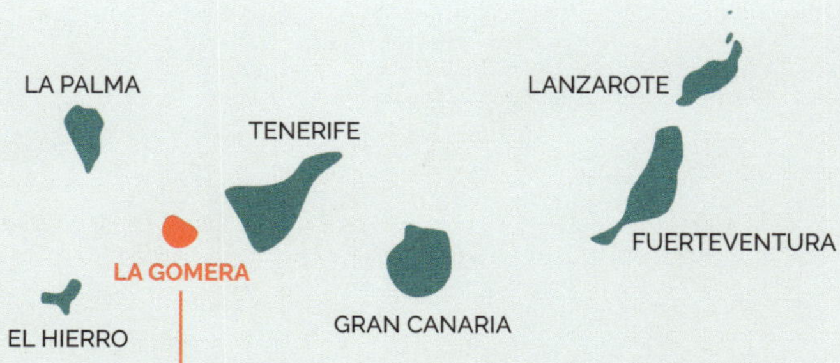

C'est sur cette île qu'est encore parlé le **silbo**, cette **incroyable langue sifflée** permettant aux habitants de communiquer à travers les vallées.

GÉOPARC DE ZHANGYE DANXIA

ON Y VA ! Le parc est à 30 km de la ville de Zhangye, située sur le corridor du Gansu, ancienne voie d'accès à la route de la soie.

Ce parc géologique composé de cours d'eau, de pics, de cascades et de grottes est réputé pour ses extraordinaires montagnes colorées aux formes ondulées, avec du rouge, du jaune et même du bleu si on cherche bien. À tel point qu'**il est surnommé le parc des montagnes arc-en-ciel**. Bien trouvé !

Ici, vous croiserez assez peu d'Occidentaux car le trajet pour y aller est... long ! Mais les escales valent le détour !

COMMENT S'Y RENDRE ?

STEP 1 : SHANGHAI

Prenez **un shoot de Chine moderne** dans la plus grande ville du pays ! Inracontable en deux lignes...

STEP 2 : XI'AN

Ne manquez pas **l'extraordinaire armée de terre cuite** : 8 000 soldats, chars et chevaux enterrés depuis 2 000 ans !

STEP 3 : ZHANGYE

Vous êtes arrivé ! À vous les sublimes paysages des parcs alentour ! À découvrir dans les 2 pages suivantes.

@LUCARENNERPHOTOGRAPHY

S'il est basé à Munich, Luca propose des photos qui viennent des 4 coins du monde. Il a tellement voyagé partout qu'il aurait presque pu signer la moitié des photos de ce livre !

EXPLORER LE FAR WEST CHINOIS

Notre guide du jour s'appelle Vanessa, du blog CashPistache, et elle connaît très bien la région. Comme elle le dit si bien : « Si vous aimez les paysages désertiques des Bardenas en Espagne ou si vous rêvez du Grand Canyon aux États-Unis, vous allez adorer visiter les alentours de Zhangye. » C'est parti !

CASHPISTACHE

Vanessa a un pouvoir magique : elle arrive à mettre de la sensibilité et de l'authenticité dans toutes les aventures qu'elle partage. On adore !

▶ www.leblogcashpistache.fr

S'AVENTURER DANS LE PARC DE BINGGOU DANXIA

« C'est ici que l'on retrouve des paysages dignes du **Grand Canyon dans l'Arizona**. L'érosion a façonné les rochers dans des formes hallucinantes, des colonnes de pierre, des pitons, on croirait même voir une cité en ruine au loin… On y voit des représentations imagées amusantes comme le fameux cornet de glace ou encore la grenouille. Parfois la roche est rose et plus haut sur le site elle devient brune. »

DORMIR DANS LE DÉSERT DE BADAIN JARAN

« Le désert de Badain Jaran est **le 3e plus grand désert du monde,** on y voit les dunes les plus hautes qui puissent exister sur Terre. C'était un monde improbable fait de courbes, de lacs dans le désert et de neige salée, de quoi déstabiliser les plus terre-à-terre.

Même si le désert de Badain Jaran se trouve en Mongolie intérieure, l'entrée la plus pratique se fait par Zhangye. »

VISITER LE TEMPLE MATISI

« Un dernier **incontournable proche de Zhangye.** Un parc naturel abritant des temples vieux de 1 600 ans. C'est un site classé qui abrite des **grottes bouddhistes** et qui s'étend sur 30 km. Il est toujours entretenu par des moines bouddhistes qui se recueillent dans les **temples troglodytes** dont l'accès est une épreuve en soi. Un lieux exceptionnel d'une beauté sans pareille.

Le froid est piquant en février mais le lieu est spirituel et fascinant. »

TESTER LA VALLÉE DE PINGSHANHU

« Ne pas s'arrêter à la **Pingshanhu Valley** sur la route du désert de Badain Jaran serait une erreur monumentale ! La vallée s'étend sur 1 040 km² avec des reliefs en vagues tranchantes successives entrecoupées de **canyons étroits.** Soit des **paysages à couper le souffle à perte de vue.** Encore un rappel aux déserts américains. Des sentiers y sont aménagés pour arpenter une partie du parc.

C'est la pépite du séjour, une journée à laquelle on ne peut pas être préparé ! »

INSOLITE

PRIORITÉ AUX DROMADAIRES

C'est dans la ville de Dunhuang (province du Gansu) qu'a été inauguré en 2021 le premier feu de circulation... pour chameaux ! Un dispositif visant à fluidifier le trafic voitures/camélidés dans une zone touristique où la balade à dos de chameau est populaire !

CONO DE ARITA

ON Y VA ! C'est un peu le bout du monde pour y aller ! Il faut viser la ville de Tolar Grande avant de s'aventurer sur une piste au cœur du salar de Arizano.

Ce paysage est hallucinant ! Au milieu d'une immense étendue de sel surgit comme par magie **un cône parfait de 126 mètres de haut**, formé de lave noire et de sel. Le tout se passant à plus de 3 000 m d'altitude, en pleine cordillère des Andes !

Ce cône est tellement parfait que **de nombreuses légendes entourent sa formation**. Il s'agit en fait d'un bébé volcan qui n'a pas eu assez de force pour exploser.

Sur place circulent des photos qui montrent des ovnis volant au-dessus du volcan, accréditant la thèse d'une base alien. Ce n'est d'ailleurs pas le seul site d'Amérique du Sud qui pose question…

RENCONTRES DU TROISIÈME TYPE

LIGNES DE NAZCA

Formes immenses tracées dans le désert péruvien pour honorer la déesse de la Fertilité ou représentation d'aliens ?

RUINES DE MORAY

Centre de recherche agricole des Incas ou piste d'atterrissage pour navettes spatiales extraterrestres ?

STATUES MOAI

Statues géantes perdues sur l'île de Pâques, au milieu du Pacifique, ou passage d'une civilisation martienne ?

@GONGRANJA

Gonzalo habite à Cordoba en Argentine, et son compte est parfait : il nous offre la petite dose de bonne humeur, de pampa et de paysages argentins dont on avait besoin. Et c'est très beau !

ROAD TRIP LUNAIRE
DANS LES ANDES

Collectionnez les cartes collectors de la **région de Salta, au nord-ouest de l'Argentine**, et découvrez une autre planète, entre hauts plateaux andins, volcans multicolores et déserts de sel. Le tout à **plus de 4 000 mètres d'altitude !**

1 – **CANYON DU DIABLE**

Ici, il fait très chaud, la roche est très rouge... mais vous êtes tout près du paradis !

2 – **CAMPO DE PIEDRA PÓMEZ**

Impressionnant labyrinthe de roches blanches aux formes extraordinaires posées sur du sable noir.

3

4 – **VINS DE CAFAYATE**

5 – **SERRANÍA DE HORNOCAL**

C'est l'un des panoramas les plus spectaculaires de la région, avec ses 14 couleurs et ses 4 761 m d'altitude.

6 – **ROUTE 33**

7 – **SALINAS GRANDES**

Un des plus grands déserts de sel situé à 3 350 mètres d'altitude. N'oubliez pas vos lunettes de soleil !

COMMENT FAIRE ?

Le meilleur moyen de découvrir la région reste de louer une voiture à Salta et de partir à l'aventure ! Que vous ayez 3, 7 ou 10 jours, votre road trip promet d'être exceptionnel !

Et pour le logement, pas de panique : vous croiserez de nombreux villages accueillants situés dans des endroits splendides. Vous partez quand ?

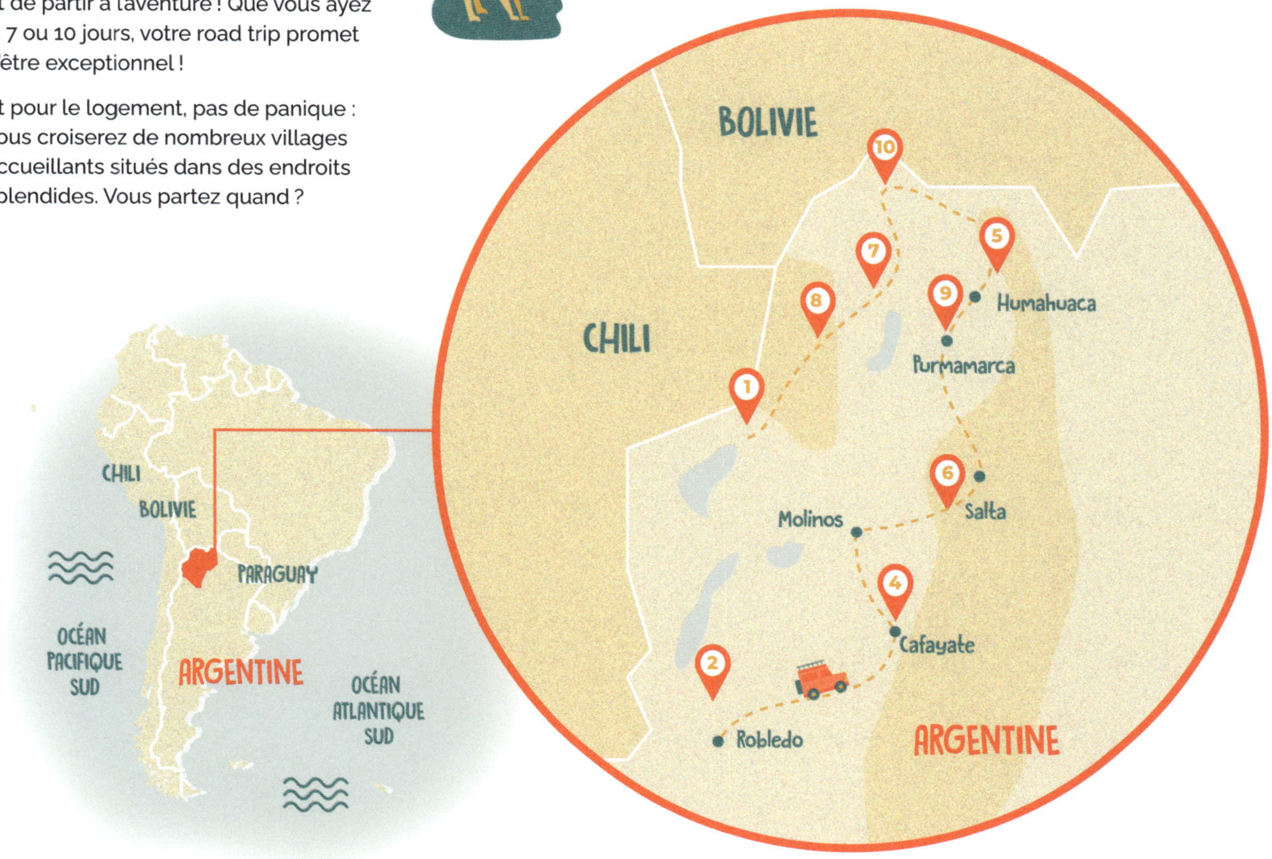

TRAIN DES NUAGES

217 km, 3 000 mètres de dénivelé, 16 heures de trajet, 29 ponts, 12 viaducs, 21 tunnels. Mythique !

PURMAMARCA

LAGUNA DE LOS POZUELOS

Immense lac salé, entouré des montagnes de l'Altiplano et rempli d'oiseaux, dont des flamants roses.

BENTONITE HILLS

C'est une des merveilles un peu cachées du célèbre **parc national de Capitol Reef.** Ces collines arrondies aux teintes alternant le blanc, le rouge et même le violet nous transportent directement sur Mars !

L'accès à cette planète n'est d'ailleurs pas simple… Il faut emprunter une piste de presque 100 km dans une zone semi-désertique et franchir quelques gués.

▶ Mais une fois sur place, vous pourrez vous prendre pour une licorne et réviser les 7 couleurs de l'arc-en-ciel ! **On vous a préparé un petit récap' page suivante !**

LET'S GO ! Les Bentonite Hills font partie du secteur de Cathedral Valley dans le parc de Capitol Reef, l'un des 5 parcs nationaux de l'Utah.

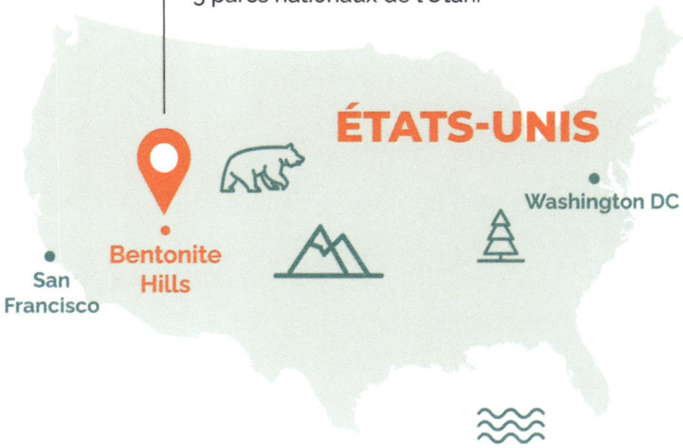

@DAVIDMRULE

Si vous aimez les grands espaces américains, vous n'allez pas être déçu avec le compte de David. Et en plus il est drôle !

UN MONDE ARC-EN-CIEL

Se rappeler **les 7 couleurs de l'arc-en-ciel**, c'est presque aussi difficile que de retrouver les prénoms des 7 nains ! Laissons Blanche-Neige de côté et partons réviser nos couleurs avec un tour du monde qui en met plein les yeux !

ROUGE – JAPON

SANCTUAIRE FUSHIMI INARI TAISHA

Pour atteindre ce sanctuaire sur les hauteurs de Kyoto, il faut emprunter cette incroyable allée constituée de **10 000 toriis**, ces arches rouges achetées par des familles ou des entreprises pour s'attirer les faveurs de la déesse des Récoltes et du Commerce !

INFO C'est le plus grand sanctuaire shinto du Japon, et pas loin d'être le plus vieux (érigé en l'an 711).

ORANGE – JORDANIE

DÉSERT DU WADI RUM

Ce désert est extraordinaire, et pas seulement pour la couleur de son sable ! C'est une alternance de falaises, de canyons, de grottes et d'arches naturelles, le tout baigné de soleil. Et **la nuit, la pureté du ciel étoilé est phénoménale** !

FUN FACT *Star Wars*, *Dune*, *Seul sur Mars* : ce désert sert de décor à tous les films (ou presque) censés se dérouler sur une autre planète.

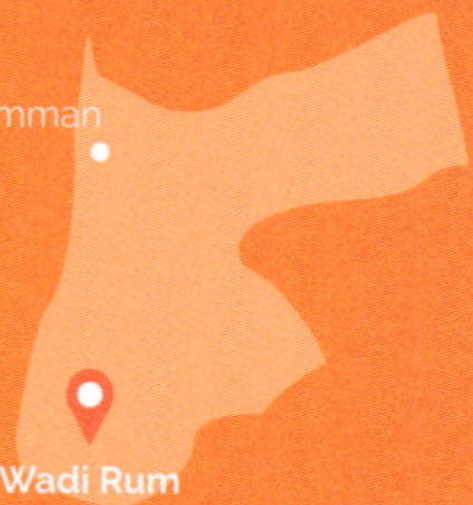

JAUNE – CHINE

CHAMPS DE COLZA DE LUOPING

Entre février et mars, dans cette province du Yunnan, **le colza en fleur offre l'impression d'une mer jaune infinie** d'où surgissent des montagnes sombres. Un paysage fascinant !

CONSEIL Pour les allergiques au pollen, venez plutôt en été (mais c'est alors beaucoup moins photogénique !).

BLEU
NORVÈGE

SVALBARD

À mi-chemin entre la Norvège et le pôle Nord, cet archipel d'une trentaine d'îles est le royaume des fjords, des glaciers… et des ours polaires ! **C'est ici que se trouve la plus grande réserve de graines du monde**, conçue pour protéger la biodiversité et la diversité génétique de la planète.

FUN FACT Les femmes enceintes sont interdites à Svalbard (parce qu'il n'y a pas d'hôpital).

INDIGO
MAROC

CHEFCHAOUEN

Chefchaouen a tout pour vous séduire ! Une médina peinte en bleu, **un emplacement de rêve dans les montagnes du Rif** au nord du Maroc et une cuisine reconnue par l'Unesco.

ON AIME ! La ville est un point de départ idéal pour partir randonner dans les montagnes du Rif.

VIOLET
CORÉE DU SUD

ÎLES DE BANWOL ET BAKJI

Depuis 2015, les autorités ont décidé de peindre les bâtiments, routes, ponts… en violet, **afin d'attirer des touristes** et des Instagrammeurs. Toits, rues, murs, tout y est passé !

ON AIME ! Les restaurants servent même du riz violet !

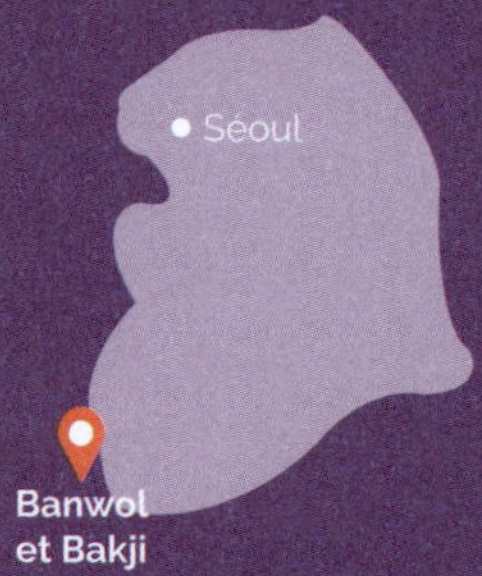

HAWAÏ, CAPITALE MONDIALE DE L'ARC-EN-CIEL

Hawaï serait le meilleur endroit du monde pour observer des arcs-en-ciel grâce à un mix parfait de reliefs, d'alizés et de soleil.

Autant vous dire que les Hawaïens, dont **la langue comprend 22 appellations différentes pour décrire ce phénomène**, ne vont pas apprécier qu'il n'y ait pas de vert dans notre page arc-en-ciel.

> Rassurez-vous, si le vert vous manque, passez en mode green en tournant la page !

PASSER EN MODE GREEN

Dans ce chapitre, on se met au vert… et ça tombe bien, il est tout vert ! Un peu de slow tourism, une dose de réciprocité, de la nature en immersion et même des idées pour mieux dormir. Il a fière allure, le voyage de demain !

VILLAGE DE BØUR

C'est tout à l'ouest de l'archipel des Féroé, **sur l'île de Vágar**, que se trouve ce village surplombant un paysage de rêve. Avec ses 70 habitants, ses maisons basses et sa petite église surplombant la mer, c'est l'une des nombreuses mignonneries sauvages dont les îles Féroé ont le secret.

▶ Les maisons avec des toits en herbe sont très courantes sur les îles Féroé : **c'est une technique scandinave qui permet de protéger efficacement les habitations contre la pluie**... qui tombe 300 jours par an ici !

ON Y VA ! L'île de Vágar, 3e plus grande île des Féroé, a beaucoup de qualités, dont celle d'être en forme de tête de chien. Et c'est très rare !

@RANNVAJOENSEN

Le compte de Rannvá est une plongée dans les paysages sauvages des îles Féroé. Elle y est née et y est aujourd'hui guide et photographe !

L'HOSPITALITÉ À LA SAUCE FÉROÉ

On ne le dira jamais assez, mais pour comprendre une culture et vivre un voyage intense, on n'a rien trouvé de mieux que d'aller **dormir chez l'habitant, partager un repas et trinquer autour d'une bière !** Aux Féroé, ce concept d'hospitalité et d'accueil est une longue tradition qu'il est encore tout à fait possible d'expérimenter !

NETTOYER LES ÎLES FÉROÉ

Chaque année, **les îles Féroé ferment complètement pendant 3 jours et accueillent uniquement les volontaires** du monde entier qui viennent entretenir les plus beaux sites de l'archipel.

Au programme : rénovation de sentiers, ramassage de déchets, pose de signalisations, le tout **encadré, logé et nourri par les locaux,** tous réunis pour la grosse fête du samedi soir !

Les places pour ce week-end « Closed for maintenance » sont TRÈS recherchées : il n'y a que 100 places, et les organisateurs peuvent recevoir jusqu'à 6 000 candidatures. Mais l'occasion est trop belle pour ne pas tenter le coup !

www.visitfaroeislands.com/closed

Phare de Kallur, île de Kalsoy

EXEMPLES DE MISSION

FUNNINGUR

Pose de panneaux et d'échelles pour sécuriser un sentier.

GÁSADALUR

Nettoyage et réparation du sentier devenu très populaire.

LAC DE SØRVÁGSVATN

Ici, rien de prévu, mais comme c'est très beau, on vous a mis la photo.

S'INCRUSTER À DÎNER

LES CLUBS SOUPERS, ou *Heimablídni* en féroïen, sont un autre concept simple mais efficace qui permet de se mêler aux locaux. Un peu partout sur les îles, **il est possible de s'inviter à dîner chez les gens** ! Une occasion en or de goûter aux plats typiques du coin (comme le *slátur*, boudin de mouton), de se raconter sa vie, et même de partir pêcher son poisson !

https://eatlocal.fo

FÊTER LA « FETNAT » FÉROÏENNE

ÓLAVSØKA, c'est le nom du festival immanquable des îles Féroé, qui réunit presque tous les habitants pendant 3 jours à Tórshavn, la capitale.

Si la date officielle de la fête nationale est le 29 juillet, les festivités commencent dès le 27 avec un concert géant, suivi d'épreuves sportives (courses de bateaux, matchs de foot…), de danses en chaîne traditionnelles, de chansons… pour se terminer le 30. **C'est festif, c'est joyeux, et tout le monde est le bienvenu !**

LES ÎLES FÉROÉ EN CHIFFRES

18
le nombre d'îles

36
heures en ferry depuis le Danemark

5
feux de circulation pour toutes les îles

70 000
moutons
vs 52 000 habitants

Village de Gjogv, île d'Eysturoy

FORTERESSE DE SIGIRIYA

Surnommée le « Rocher du Lion », cette extra-ordinaire forteresse, construite il y a 1 500 ans, semble littéralement surgir de la jungle, offrant une position stratégique au milieu du Sri Lanka.

Si en haut la vue est exceptionnelle, c'est clairement le côté imprenable du site qui a séduit le roi de l'époque. Les 1 300 marches pour y accéder aujourd'hui sont là pour nous le rappeler !

▶ Le site de Sigiriya est au cœur du centre culturel et géographique de l'île, le **« Triangle d'Or »**. On vous en dit plus page suivante...

ON Y VA ! Le Sri Lanka, ex-Ceylan, a tout pour lui : montagnes et plages de rêve, temples et culture, hospitalité, gastronomie et douceur de vivre !

@BRATOSIEWICZ

Si vous vous demandez à quoi peut bien ressembler de la photo minimaliste aérienne, allez voir les photos de Piotr : c'est pop et coloré !

SLOW LIFE À CEYLAN

Le Sri Lanka est une destination parfaite pour ralentir le rythme, voyager lentement, prendre le temps de la rencontre et faire preuve de sobriété. Pas simplement parce que le second nom de l'île est Ceylan, mais surtout parce qu'ici les paysages, les villages, les plages et la population invitent à la contemplation.

DES MERVEILLES DANS TOUS LES COINS

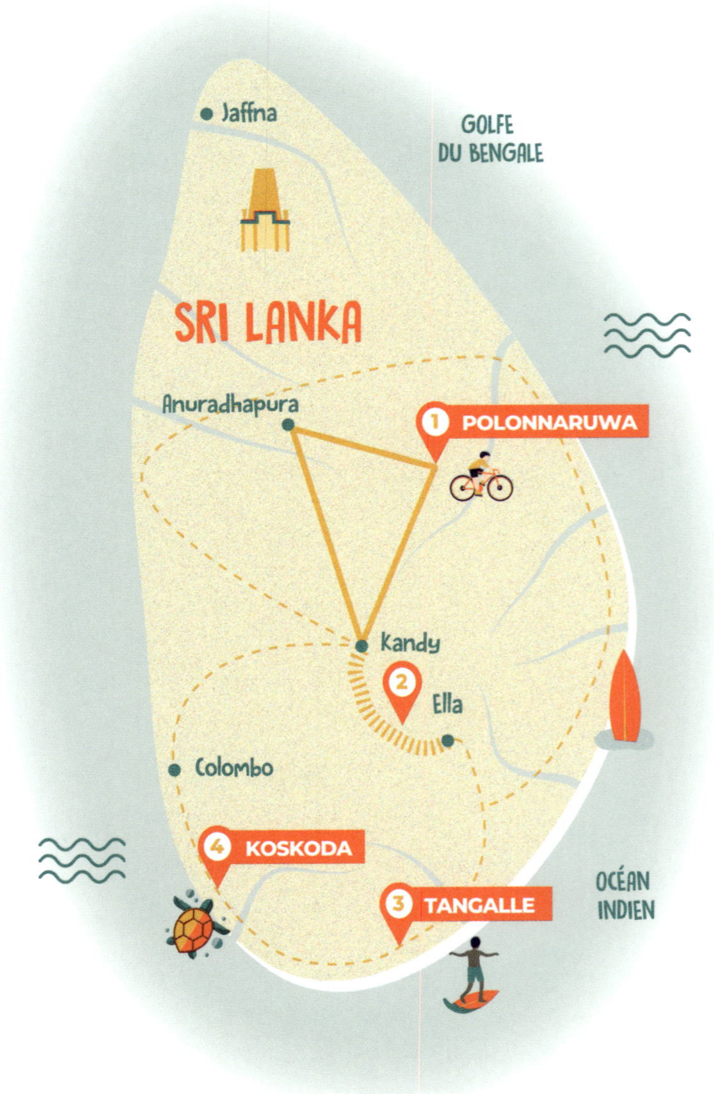

UN TRIANGLE D'OR TRÈS RICHE !

C'est pratique : les plus beaux sites du Sri Lanka sont concentrés dans un triangle magique au cœur de l'île ! Vous pouvez y découvrir...

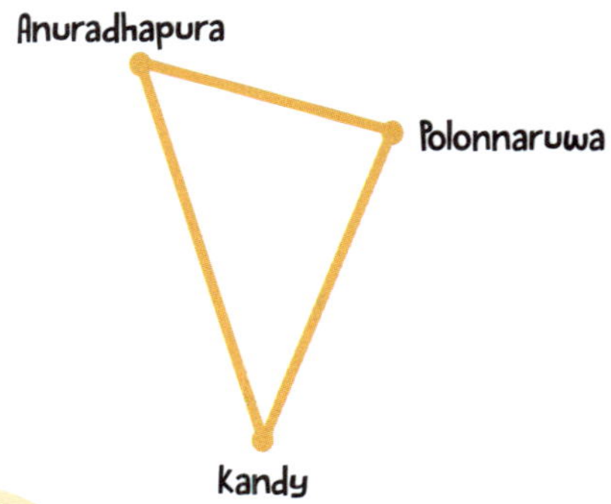

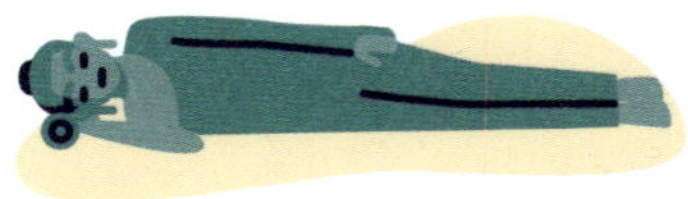

DES VESTIGES DE TEMPLES et de royaumes disparus, dont deux anciennes capitales royales.

DES STATUES DE BOUDDHA de toutes les tailles, dans toutes les positions, et même en or !

DES SINGES MI-SAUVAGES mi-curieux… et des éléphants en totale liberté.

Le tout dans un **DÉCOR DE RÊVE** entre montagnes, rizières et forêts.

3 FAÇONS DE RALENTIR LA CADENCE

1 LE SLOW VÉLO

Se promener à vélo dans les ruines de l'ancienne capitale du royaume, c'est… royal ! Les distances sont courtes, le site bien plat et largement boisé : l'occasion rêvée de prendre son temps et de pédaler à son rythme. **Et, arriver au Gal Vihara et ses gigantesques statues de Bouddha taillées dans la pierre, ça apaise !**

2 LE SLOW TRAIN

Pendant les **6 heures de train entre Kandy et Ella, vivez une expérience totale**, avec un extraordinaire défilé de rizières, de plantations de thé, de villages… et de vendeurs ambulants de thé et de fruits !

3 LE SLOW SURF

Reconnectez-vous à l'océan, (ré)apprenez la patience en partant surfer dans le sud de l'île ! Paradis de la glisse, avec des conditions idéales presque toute l'année, dans un environnement exceptionnel.

VIVEZ AU RYTHME DES TORTUES

4 Devenez **volontaire au Sri Lanka Turtle Conservation Project** ! Une opportunité unique de s'impliquer activement pour la protection de l'environnement et de donner de son temps et de son énergie au pays qui nous accueille !

TOUT POUR LES TORTUES (ET LEURS BÉBÉS !)

Aider les mamans tortues à pondre en sécurité, nettoyer les plages pour leur fournir un espace de nidification sûr et propre, participer aux patrouilles nocturnes pour les protéger des prédateurs ou encore **relâcher des bébés et des jeunes tortues dans l'océan** : il y a toujours de quoi faire !
www.sltcp.org

PARC DU MONT TREMBLANT

On vous propose deux options canadiennes pour vivre en pleine nature. La première : une cabane au cœur du parc national du Mont Tremblant au Québec, un ponton pour aller pagayer sur la rivière, des écureuils, quelques amis et des Chamallows pour les grillades au coin du feu.

La seconde option est tout aussi nature, mais plus active et plus solidaire. **Elle consiste à aller donner un coup de main à des agriculteurs bio**, de vivre et de travailler avec eux pendant plusieurs jours en échange du gîte et du couvert.

C'est le principe du wwoofing ! Un réseau d'échange et de partage qui existe dans le monde entier… et bien évidemment au Canada !

ON Y VA ! Le parc national du Mont Tremblant est un immense terrain de jeu à seulement 1 h 30 de Montréal. Les activités en pleine nature ne manquent pas, été comme hiver !

LE CANADA, UN PAYS DE WWOOF

620 fermes attendent leurs WWOOFeurs dans tout le pays !

Pas besoin de permis de travail, un simple passeport et à vous le Canada !

Alors, on arrête de niaiser avec la puck (tergiverser) et on part WWOOFer !

@THEROLLINGVAN

Voilà un compte qui sent bon les grands espaces canadiens, les parcs nationaux américains, l'aventure et les nuits en cabane en pleine nature. Coup de cœur pour les photos prises à l'automne pendant l'été indien !

OLD MAN OF STORR

L'île de Skye est une terre totalement envoûtante ! C'est un pur concentré de paysages écossais, entre lochs secrets, vallées mystérieuses… et reliefs spectaculaires ! Le plus bel exemple est cet impressionnant monolithe de 50 mètres de haut, dressé fièrement dans un décor sauvage à couper le souffle !

Parmi les **nombreuses légendes** qui gravitent autour de ce rocher, la plus connue raconte qu'il s'agit du pouce d'un géant enterré là. Les locaux pensent plutôt à une autre partie de son anatomie…

ON Y VA ! L'île de Skye fait partie de l'archipel des Hébrides, à l'ouest de l'Écosse, dont les îles sont toutes plus extraordinaires les unes que les autres.

@STUARTMCKAY81

Stuart n'est pas du genre à poster 4 photos par jour. Mais quand ça tombe, c'est un aller simple pour l'Écosse !

EXPLOREZ L'ÉCOSSE EN AUTONOMIE TOTALE

Direction le nord de l'Écosse pour vivre deux expériences dont on ne ressort généralement pas indemne !
2 expériences qui font rimer autonomie avec découverte, partage et respect de l'environnement.
Prenez un coupe-vent, ça va secouer… et faire du bien !

LE SKYE TRAIL, UN TREK ÉPIQUE

L'expérience ultime ici, c'est le **Skye Trail, extraordinaire sentier de randonnée de 128 km qui traverse toute l'île en 7 étapes.** Au programme : des paysages incroyables, des bivouacs improvisés, quelques pubs réconfortants et une météo évidemment capricieuse !

3 ACCESSOIRES INDISPENSABLES À GLISSER DANS SON SAC

UNE CARTE ET UNE BOUSSOLE

Ah oui, on ne vous a pas dit : **il n'y a pas de balisage pour ce sentier**, certaines sections n'ont même pas de chemin, ça ne capte pas très bien, et un des surnoms de Skye, c'est l'île des Brumes… Allez, *good luck !*

UNE TENTE ET UN RÉCHAUD

L'option bivouac est à prévoir sur certaines étapes… Mais c'est tout à fait autorisé en Écosse, à condition bien sûr de **respecter le principe du « Leave no trace »** (ne rien laisser après son passage).

UN CHAPEAU MOUSTIQUAIRE

C'est moche et vraiment pas pratique pour manger, mais **ça va vous sauver la vie** ! Car au lever et au coucher du soleil, vous allez avoir affaire aux midges, des mini-moustiques qui attaquent en hordes sauvages !

QUIRAING

C'est un des décors iconiques de l'île, tout à fait étrange et spectaculaire. **Un vaste plateau couvert de gazon et entouré d'aiguilles et de piliers rocheux.** Avec, par temps clair, une vue sur la mer. Magique.

PORTREE

C'est la seule vraie ville de l'île, et quand on y arrive après 2-3 jours de Skye Trail, on n'a plus trop envie de la quitter ! Une tourte à la viande, un whisky, et c'est reparti !

ELGOL

Arriver dans le hameau d'Elgol, c'est toucher au bout du monde. Falaises, mer menaçante, vaches, brume… **C'est hostile mais c'est beau !**

L'ÎLE D'EIGG, UN PARADIS 100% VERT

Voisine de Skye, la magnifique petite île d'Eigg vit une aventure folle depuis qu'il y a 20 ans, ses habitants se sont regroupés pour la racheter et décider de son avenir.

VIVE LE VENT ET LA PLUIE !

Bye bye le groupe électrogène qui tourne au diesel, hello les éoliennes, les panneaux solaires et les turbines dans les cours d'eau ! Ou comment tirer profit du fameux climat écossais et devenir 100% autonome en énergie.

VIVE LE SLOW TOURISM !

Déplacement à vélo, exploration de l'île en kayak, randonnée avec les locaux, des chambres d'hôtes et des auberges pour maximiser les échanges, le tout dans un décor de rêve !

GORGES DE KAMENICE

C'est une merveille ! Sur plusieurs kilomètres, une rivière aux eaux transparentes coule paisiblement entre d'immenses parois rocheuses recouvertes de mousse, le tout dans un silence parfait, presque mystique ! À découvrir à pied ou en barque.

Situées à seulement 1 h 30 de Prague en train, ces gorges font partie de la **Suisse bohémienne**, une destination idéale pour s'offrir une escapade au vert, loin de la foule.

ON Y VA ! La région de la Suisse bohémienne est réputée pour ses formations rocheuses exceptionnelles, ses vallées profondes et ses itinéraires faciles d'accès.

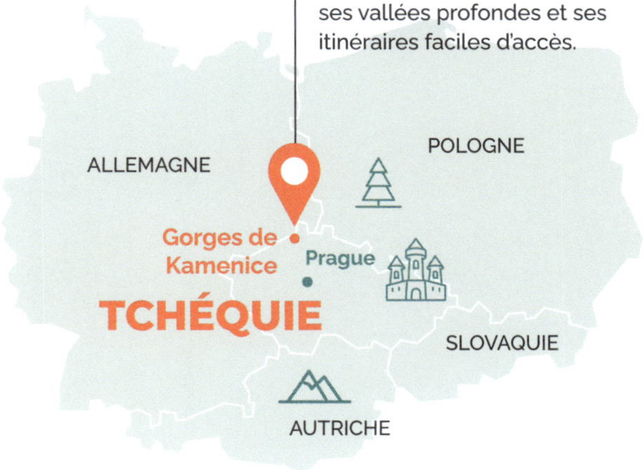

PLAN B(OHÈME) À 1 H 30 DE PRAGUE

TISKÉ SKÁLY

Des centaines de rochers et une vue superbe au sommet, après une rando de 5 km. Parfait !

STARÁ PLYNÁRNA

Arrêtez-vous pour déjeuner dans cette ancienne usine à gaz reconvertie en auberge. *Dobrou chuť!*

PRAVČICKÁ BRÁNA

Cette arche de 27 m de large et 21 m de haut est la plus grande porte naturelle d'Europe !

@PELLE.FAUST

La prochaine fois que vous cherchez un peu d'inspiration pour vos vacances en Europe, vous pouvez compter sur le compte de Pelle ! Avec le risque de poser une semaine de congés en plus !

PRENDRE LE LARGE
SUR TOUTE LA LONGUEUR

Voilà un titre bien mystérieux qui sent bon l'appel du large, les grandes traversées épiques… et les *pad thaïs* ! Des spots remplis de mer, de falaises et de vent, parfaits pour puiser l'énergie nécessaire à de nouvelles explorations.

SHARK BAY

Des falaises rouge vif, du bush verdoyant, une eau bleue transparente, du sable fin et, avec un peu de chance, quelques dauphins pas loin : cet endroit est exceptionnel et l'une des 1 000 merveilles de Shark Bay !

Constituée de nombreuses péninsules et îles, la baie est un écosystème hors du commun représentant **une des plus importantes régions sauvages du monde** ! Dauphins, baleines, raies mantas, tortues, requins, dugongs : c'est clairement l'endroit rêvé pour observer des animaux marins !

▶ Les Australiens ont pensé à tout : une superbe route de 150 km permet d'accéder à tous les spots de la baie.

ON Y VA ! Pour venir ici, pas d'autre choix que de partir de Perth et d'avaler les 870 km de route ! À moins de s'y rendre à pied avec 4 chameaux comme **Robyn Davidson**…

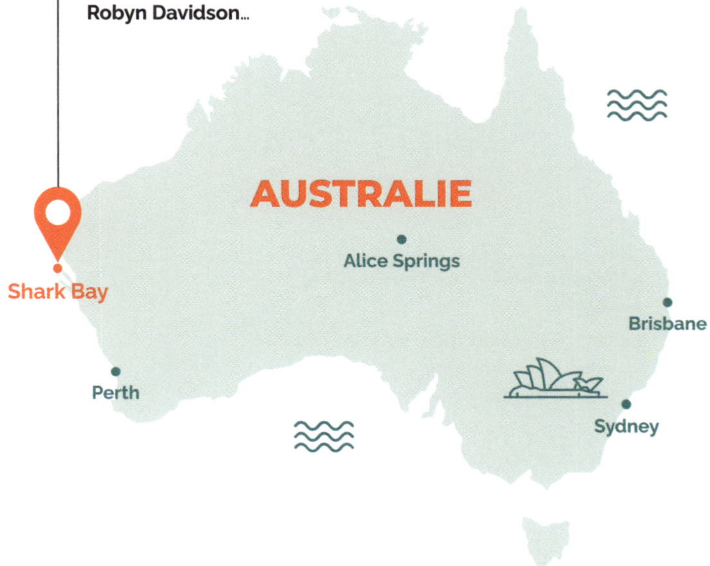

2 700 KM À PIED DANS LE DÉSERT AUSTRALIEN

CAMEL LADY

En 1975, Robyn Davidson décide de traverser l'Outback australien à pied, avec 5 dollars en poche, un chien et 4 chameaux !

6 MOIS

C'est le temps qu'elle a mis pour aller d'Alice Springs, au centre de l'Australie, jusqu'à Hamelin Pool, porte d'entrée de Shark Bay.

ATTENTION, CULTE !

Tracks, le livre dans lequel elle raconte cette odyssée, est culte en Australie. Le film adapté du livre est aussi culte… chez nous, à Petaouchnok !

@MERRWATSON

Basée à Perth, en Australie, Merr a 2 passions dans la vie : les plages et les drones. Ce qui donne un compte Instagram rempli de plages de rêve en Australie, mais aussi aux Philippines ou aux Maldives !

TOUT PLAQUER POUR ALLER VIVRE EN AUSTRALIE

C'est ce que font chaque année plus de 20 000 Français, grâce au Permis Vacances Travail (PVT, ou WHV pour *Working Holiday Permit*), un visa qui permet aux 18-35 ans de vivre, travailler et voyager en Australie pendant 1 an renouvelable. C'est pratique et très facile à obtenir : ce serait dommage de s'en priver !

L'AUSTRALIE EN MODE TRAVAIL

COMMENT ON FAIT POUR AVOIR UN PVT ?

La procédure est ultra simple : remplir un formulaire en ligne, payer le visa (300 euros environ), patienter entre 10 et 40 jours… et c'est tout ! Comme il n'y a pas de quota, **vous n'avez aucune raison de ne pas l'obtenir**.

ON FAIT QUOI COMME TRAVAIL ?

On peut presque tout faire avec un PVT, mais le plus souvent on s'oriente vers des métiers qui ne demandent pas trop de diplômes et qui offrent de la flexibilité.

L'objectif est clair : économiser suffisamment pour ensuite profiter au maximum des merveilles de l'Australie !

Meilleurs plans : faire les vendanges à 2 pas de la **Great Ocean Road**, être serveur dans un bar branché de **Melbourne**, ramasser les mangues face à la **Grande Barrière de corail**, ou s'occuper d'enfants dans une famille australienne.

L'AUSTRALIE EN MODE VACANCES

① GREAT OCEAN ROAD

400 km de côte sauvage, entre falaises escarpées, plages désertes et forêt semi-tropicale. Mythique.

② PARC NATIONAL D'ULURU-KATA TJUTA

En plein cœur de l'Australie, près d'Alice Springs, **on trouve le rocher d'Uluru, sacré pour les Aborigènes**, ainsi que les monts Olga, 36 rochers arrondis mesurant jusqu'à 500 m de haut.

③ GRANDE BARRIÈRE DE CORAIL

C'est la plus grande structure vivante de la planète… et la seule visible de l'espace !

④ MELBOURNE

C'est la capitale artistique et culturelle de l'Australie, avec les meilleurs bars et restaurants du pays !

PRESQU'ÎLE DE QUIBERON

Cette côte ouest de la presqu'île mérite son appellation de « côte sauvage » : c'est une pure merveille ! **Sur 8 km face à l'océan s'enchaînent falaises, plages et criques**, avec en bonus le bruit des vagues et du vent. Magique !

Côté est, on est clairement sur une autre ambiance, avec de longues plages protégées du vent sur la baie de Quiberon, beaucoup plus calme.

▶ Et puisque vous êtes arrivé jusque-là, prenez le large direction **une des 3 îles du Ponant**.

ON Y VA ! En saison, évitez la voiture et optez pour le train, surnommé le « tire-bouchon », qui vous permet d'accéder à la presqu'île en évitant… les bouchons !

VOUS CHOISISSEZ QUELLE ÎLE ?

BELLE-ÎLE

La plus grande île bretonne est un pur concentré de plages, falaises, petits ports et chemins de rando : un grand classique !

HOUAT

Pas de voiture, des plages superbes et un petit bourg qui vit toute l'année : la slow life comme on l'aime. Houat else ?

HOËDIC

La plus éloignée et la plus petite des trois, mais pas la moins intéressante ! Un tour de l'île en 2 h, et une **déconnexion totale garantie** !

@JEREMIEKUNG

Sur le compte de Jérémie, vous allez trouver principalement 3 choses : des plages avec du sable et des vagues, des photos de Copenhague, où il habite, et beaucoup de talent !

BAIE DE PHANG NGA

Ce coin est une véritable merveille : pitons géants sortant de la mer, forêts primaires, magnifiques cascades, sublimes plages de sable, villages de pêcheurs sur pilotis et mer turquoise. Pas étonnant que l'endroit attire du monde...

C'est justement pour essayer de préserver cet écosystème fragile qu'une partie de la baie est protégée, appartenant à un grand parc national.

▶ En plus de ses paysages de rêve, **la Thaïlande a un autre atout extraordinaire : sa gastronomie !** Et on en parle juste après...

ON Y VA ! Les excursions pour la baie partent de Phang Nga Town, Phuket ou encore Krabi. Essayez d'embarquer le plus tôt possible... en évitant la marée basse !

KOH PANYEE, UN VILLAGE DANS LA BAIE

500 maisons sur pilotis forment cet incroyable village.

On y trouve une mosquée, une école et de nombreux commerces.

Et même le terrain de foot le plus improbable du monde !

@STEFANOGERA

Stefano est italien, et ça se sent quand on commence à regarder ses photos. Puis on découvre du Sri Lanka, de l'Islande, de l'Espagne et même de la Thaïlande ! Avec une qualité d'image toujours remarquable.

STREET FOOD À BANGKOK

La Thaïlande est souvent tout en haut du classement des meilleures cuisines de rue du monde, avec une incroyable diversité de plats aux saveurs uniques et épicées ! Et Bangkok reste la référence, avec **500 000 stands répartis dans toute la ville**, ouverts à toute heure du jour et de la nuit. **Préparez-vous à un voyage culinaire exceptionnel !**

1 YAOWARAT ROAD

Le quartier chinois de Bangkok **reste LA valeur sûre de la street food de la ville**. Perdez-vous dans les allées, attrapez un tabouret en plastique… et bon appétit !

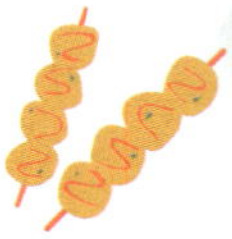

ON MANGE QUOI ?

Les brochettes : au poulet avec une sauce aux arachides épicée, au bœuf, aux calamars, à la banane et pourquoi pas au criquet.

2 QUARTIER AREE

Ce qui est génial ici, c'est la **cohabitation parfaite entre restaurants branchés et stands de rue**. Tout le contraste de Bangkok résumé autour de la gastronomie !

ON MANGE QUOI ?

Le *fish cake* : ne ratez pas ce gâteau de poisson à la pâte de curry rouge et sauce thaïe aux cacahuètes. Un régal !

3 MARCHÉ DE NUIT DE RATCHADA

Un vrai paradis de la street food, qui concentre des centaines de stands aux toiles multicolores et aux guirlandes lumineuses.

ON MANGE QUOI ?

L'omelette aux huîtres : une spécialité ! Elle se décline avec des moules ou du crabe, toujours assaisonnée avec de l'ail et de la sauce piquante.

LA STREET FOOD À LA MAISON

Le chef Jean-François Mallet parcourt la planète depuis 20 ans avec un objectif simple : reprendre les plats du monde à sa façon et les rendre **SIMPLISSIMES**. La street food, c'est sa passion et il a d'ailleurs publié *Street Food*, un beau livre de photos sur le sujet. On a donc été lui piquer une recette emblématique de Thaïlande à faire chez soi ! Et bon appétit bien sûr !

PAD THAÏ POULET

4 | 5' | 20'

Faites cuire les nouilles à l'eau bouillante salée. Faites saisir 5 min dans une poêle le poulet coupé en morceau avec 4 cuil. à soupe d'huile. Versez les pousses de soja, les nouilles et la sauce soja sucrée et faites cuire 3 min. Ajoutez les ciboules coupées aux ciseaux et les arachides concassées.

Mélangez et dégustez !

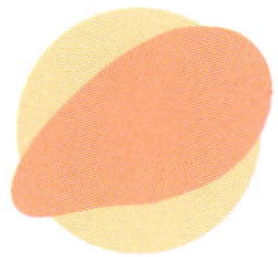

450 g de blancs de poulet

200 g de nouilles de riz

8 cuillères à soupe de sauce soja sucrée

4 cuillères à soupe d'arachides grillées

20 ciboules

200 g de pousses de soja

Maille Saille Prlick

ไม่ใส่พริก

C'est le terme à employer pour demander d'y aller doucement sur le piment… et qui peut vous sauver la vie tellement **les Thaïlandais ont tendance à manger TRÈS épicé** !

UN STAND STREET FOOD ÉTOILÉ

JAY FAI a été parmi les premiers restaurants de street food à recevoir une étoile du Guide Michelin, et c'est le seul à Bangkok dans sa catégorie ! Les plats de fruits de mer cuits au wok sont à tomber !

FALAISES D'ÉTRETAT

ON Y VA ! Venez en train ! Arrêt à la gare de Bréauté-Beuzeville, puis bus pendant 30 petites minutes.

Classique, iconique, hypnotique et photogénique ! C'est un peu tout ça, les falaises d'Étretat, un mix parfait de parois blanches de **70 m de haut**, d'arches qui enjambent la mer et d'aiguille mystérieuse.

L'aiguille est interdite d'escalade, mais Sylvain Tesson a pu y grimper récemment, en redingote et haut-de-forme, pour rendre hommage à Arsène Lupin.

▶ D'ici, partez à pied sur le GR21 direction Dieppe ou Le Havre, ou à vélo direction Roscoff ou Bruges !

CHASSE AU TRÉSOR

Arsène Lupin a encore frappé ! **Tente de retrouver** le trésor qu'il a dérobé en formant un code avec **les 4 chiffres magiques cachés dans ce livre** ! Valide ce code sur www.petaouchnok.com/destinationptk pour la suite de l'histoire...

ÉGYPTE Je me suis perdu dans les hiéroglyphes du Caire.

TURQUIE Je prends le van entre Pamukkale et la Cappadoce.

ALLEMAGNE Divisez la taille en cm du plus grand Allemand par 229 et multipliez par 7.

FÉROÉ Je suis coincé entre un ferry et un mouton sur les îles Féroé.

@NICK_SKEYES

Nick est néerlandais, et ça saute aux yeux quand on regarde son compte. C'est une alternance géniale de tulipes, de moulins, de tulipes et de moulins, avec de temps en temps une ville néerlandaise et soudain... Étretat.

OLD HARRY ROCKS

Ces extraordinaires falaises de craie mesurent jusqu'à 35 mètres de haut, avec des arches et des colonnes rappelant étrangement les falaises d'Étretat (voir p. 103).

Elles tireraient leur nom du pirate Harry Paye qui, il y a 600 ans, cachait son bateau dans le coin avant d'attaquer les navires qui s'aventuraient sur la Manche.

▶ Un sentier côtier permet d'admirer ces falaises de près… et de partir **faire le tour de l'Angleterre** (patience, on en parle juste après).

ON Y VA ! Le comté de Dorset est réputé pour ses plages, ses falaises et ses stations balnéaires comme Bournemouth ou Poole, juste à côté des Old Harry Rocks.

SAME SAME BUT DIFFERENT

SHARK BAY

Si vous aimez les falaises avec plus de rouge et des kangourous, rendez-vous p. 93.

CALANQUES DE PIANA

Si vous aimez les falaises avec une mer plus chaude et les conseils d'un coach, rendez-vous p. 111.

VIGNES DE LANZAROTE

Si vous n'aimez pas les falaises mais que vous êtes branché agriculture, rendez-vous p. 57.

@STANYOUPHOTO

Entre deux sites web, une entreprise de bonnets stylés fabriqués à la main et ses virées en van aménagé, Tristan pense à faire quelques photos au Royaume-Uni ! Et des photos qu'on adore !

PARCOUREZ LA GRANDE-BRETAGNE DANS TOUS LES SENS

Une fois devant les Old Harry Rocks, **l'occasion est trop belle de partir explorer la Grande-Bretagne** en long, en large et en travers ! Des options qui sentent bon le fish and chips, la bière fraîche et la nature. Let's go !

FAITES LE TOUR DE L'ANGLETERRE À PIED

Il est désormais possible de faire **TOUT le tour de l'Angleterre à pied,** en longeant la côte, dans le sens que l'on veut. C'est **l'England Coast Path National Trail,** le plus long sentier côtier du monde, il mesure 4 500 km, et c'est fantastique !

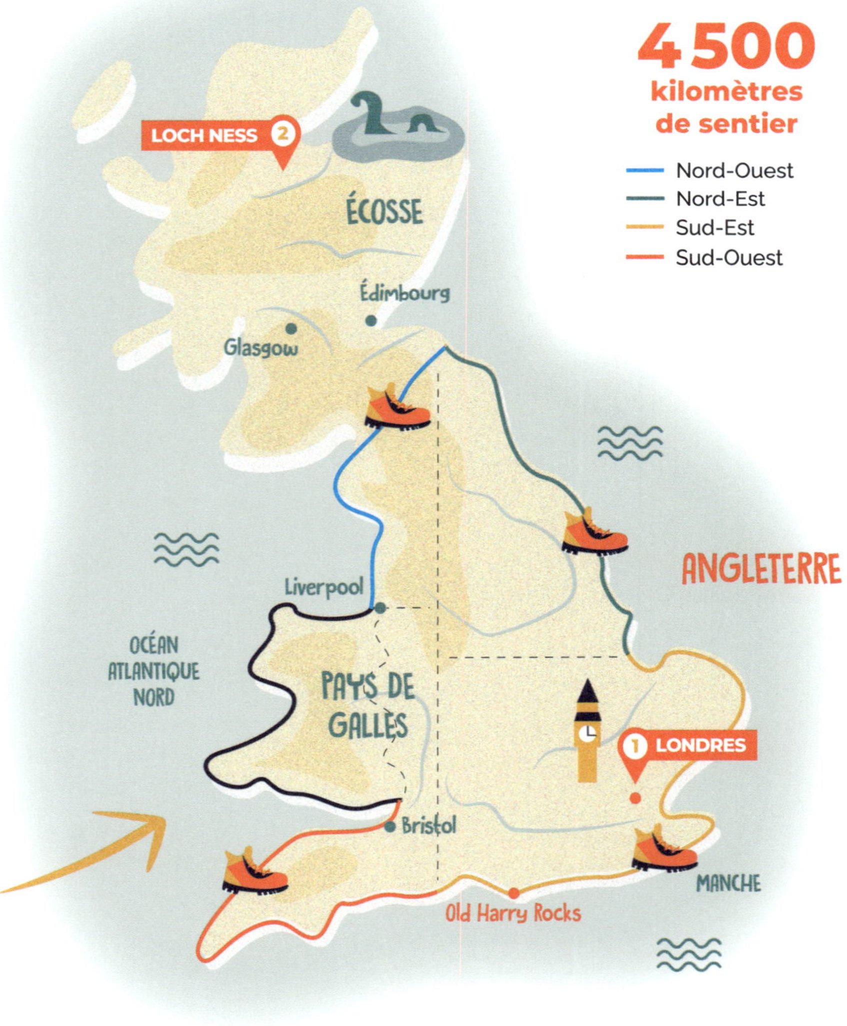

— PAYS DE GALLES

Les 1 400 km indispensables à ajouter à l'England Coast Path si vous voulez vraiment faire le tour de l'île sans jamais quitter la mer des yeux. C'est pas un petit crochet, mais c'est un détour sensationnel pour découvrir les merveilles du pays de Galles.

NORD-OUEST

Une section tout en contraste entre le Lake District, des dunes de sable, les casinos de Blackpool, l'île Walney et Liverpool.

NORD-EST

Peut-être notre partie préférée, avec des plages de rêve, des châteaux et des abbayes, des villages de pêcheurs et des stations balnéaires typiques. On prend tout !

SUD-EST

Cette section sent bon l'histoire, avec des sites romains, des tours de défense anti-Napoléon, des vestiges de la guerre, le tout entrecoupé de plages et de falaises blanches.

SUD-OUEST

Cette partie est réservée aux personnes aimant les falaises spectaculaires, les stations balnéaires vivantes, les phares du bout du monde et les longues plages. On est combien ?

EXPLORER L'INTÉRIEUR DES TERRES

LE THAMES PATH

Partez de la source de la Tamise, dans le Gloucestershire, **et terminez en plein cœur de Londres** pour fêter dignement vos 294 km de marche au fil de l'eau. Comptez 2 semaines en tout, sauf si votre passage par Oxford se rallonge pour cause de soirée étudiante !

LE GREAT NORTH TRAIL

Cette fois, ça se passe à VTT, et vous allez vivre une expérience folle du nord de l'Angleterre jusqu'à la pointe nord du Royaume-Uni ! **1 300 km de collines, de châteaux en ruine, de pistes dédiées, de canaux et d'anciennes voies romaines à travers toute l'Écosse.** Petit bonus carte postale pour les copains : vous passez le long du **Loch Ness** !

SORTIR DE SA ZONE DE CONFORT

On a fait appel aux meilleurs coachs pour vous concocter un programme sportif qui s'adapte à vos objectifs et à vos besoins de voyages aux 4 coins du monde ! Repoussez vos limites, gardez votre motivation intacte, devenez une meilleure version de vous-même !

CALANQUES DE PIANA

En Corse, il y a des merveilles à tous les coins de rue ! Ici, sur la côte ouest de l'île, **ce sont d'impressionnantes roches volcaniques qui viennent se jeter dans la Méditerranée**, formant une combinaison magique de rose, de vert et de turquoise.

Séance du coach : Aujourd'hui, on part sur une belle séance, avec un challenge complet qui va solliciter tous vos muscles, dont ceux de votre rétine. Attention les yeux !

ON Y VA ! Pour le challenge, RDV sur la plage de Porto, en Corse-du-Sud. Prenez un maillot de bain. Le reste du matériel vous sera fourni sur place.

LE PIANA FIT CHALLENGE

ESCALADE

Travail spécifique des muscles posturaux avec une série de montées et descentes en rappel sur des falaises plongeant dans la mer. Magnifique !

CANYONING

Direction le canyon du Dardu pour un **parcours alternant nage** dans des piscines, **plongeons** dans des vasques et **tyrolienne** entre mer et montagne.

PADDLE

90 minutes de paddle au pied des falaises, avec accès aux grottes secrètes et aux criques sublimes. **Récupération active dans l'eau.**

@MATT_STEEL

Il n'a pas été simple de retrouver la trace de Matt, photographe néo-zélandais qui a quitté Instagram depuis plusieurs mois. On croise les doigts très fort pour qu'il reprenne du service !

ÉGLISE SAN GIOVANNI IN RANUI

ON Y VA ! Direction le nord-est de l'Italie, dans la province du Sud-Tyrol. Visez Bolzano puis le Val di Funes.

Cette petite église, posée comme par magie dans cette vallée, avec son clocher en oignon face à des sommets majestueux, a tout pour elle. Un de ces décors de rêve dont les Dolomites ont le secret !

Dans les montagnes tout au nord de l'Italie, on parle italien… et allemand ! C'est le résultat d'une histoire récente mouvementée, qui a créé un étonnant mix culturel.

Séance du coach : Demain, on lance les Cardiolomites, 6 jours axés sur la randonnée, la nutrition et des paysages fantastiques.

BIEN SE PRÉPARER POUR LES CARDIOLOMITES

MANGEZ

Chargez vos batteries avec un plat de *casunzièi ampezzani*, ces pâtes fourrées à la betterave.

CHANTEZ

Passez une folle soirée à yodler et yodler encore, entouré de Tyroliens en short en cuir à bretelles.

RÊVEZ

Regardez une dernière fois le parcours qui vous attend et fermez les yeux : vous allez faire de beaux rêves…

@DOMINIKPHOTOGRAPHY

Dominik aime la montagne, et, coup de chance, il habite en Suisse ! Autant vous dire qu'il s'ennuie rarement. Et quand il s'ennuie, il part dans les Dolomites : ça nous va aussi !

CARDIOLOMITES

UN BEST OF DES DOLOMITES EN 6 JOURS

DOLOMITES

JOUR 1

> **Une superbe première étape pour se mettre en jambes.** Un premier col à 2 388 mètres, avant une journée en pente douce, avec l'option chamois et edelweiss possible !

JOUR 2

> **C'est parti pour une longue journée de marche**, marquée par la traversée du superbe alpage Alpe de Fanes, l'arrivée au paisible refuge et la dégustation d'un bon plat de *spaetzles*, des mini-gnocchis à la crème et au bacon.

JOUR 3

> **Une journée vallonnée dans des paysages minéraux**, qui se termine en apothéose avec les falaises des Cinque Torri qui deviennent roses au coucher du soleil. Vous avez bien mérité votre *Gulasch Suppe* !

LAC DE BRAIES

Départ > Lago di Braies

950 m > 4 h 30 de marche > 11 km

Arrivée > Refuge de Fodara (1 980 m)

PEDERU

Départ > Refuge de Fodara

950 m > 6 h 30 de marche > 19 km

Arrivée > Refuge de Scotoni (1 985 m)

CINQUE TORRI

Départ > Refuge de Scotoni

970 m > 6 h de marche > 17 km

Arrivée > Refuge de Sc[illegible]tolli (2 225 m)

Découvrez ce programme exclusif qui va vous plonger **au cœur de l'un des plus beaux massifs d'Europe** ! **Une boucle de 6 jours**, accessible au plus grand nombre, dans des paysages alternant falaises mythiques, vallées verdoyantes et crêtes aux panoramas grandioses. Suivez le guide !

JOUR 4

> **Journée en 2 temps !** 3 heures de descente jusqu'à Cortina d'Ampezzo, puis bus pour couper les 15 km de route avant de retrouver le sentier et de monter au refuge situé à 2 330 m, face à l'impressionnant massif des Tre Cime.

JOUR 5

> **Attention, étape mythique !** Une journée folle au milieu des aiguilles des Tre Cime et des sommets alentour. Pour finir en beauté, au Prato Piazza, savourez un plat de *canederli* (ou *knödels*), de délicieuses boulettes à base de pain, de lait et de farine agrémentées de jambon speck et/ou de fromage. Journée de rêve !

JOUR 6

> **On boucle la boucle** dans une dernière journée active **direction le lac de Braies**. Il était beau au départ : il est carrément magnifique après 6 jours de Cardiolomites !

Départ > Refuge de Scoiatolli
600 m > 6 h de marche > 16 km
Arrivée > Tre Cime di Lavaredo (2 400 m)

Départ > Col de Lavaredo
1 150 m > 7 h de marche > 21 km
Arrivée > Prato Piazza (1 [illegible] m)

Départ > Prato Piazza
600 m > 5 h 30 de marche > 15 km
Arrivée > Lago di Braies (1 496 m)

LAC DES CORBEAUX

Ce petit lac glaciaire entouré de sapins, niché à 887 mètres d'altitude, est une pure merveille dont les Vosges ont le secret ! Saupoudrez-le de quelques flocons de neige, et vous voilà transporté comme par magie au Canada !

Si les balades autour du lac valent le coup toute l'année, l'option raquettes en plein hiver est magique !

Séance du coach : Une session pour renforcer ses défenses immunitaires, brûler plus de calories et vivre une aventure inoubliable ! Un conseil : prenez un bonnet, il va faire froid.

ON Y VA ! Situé dans le massif des Vosges, le lac n'est qu'à 5 km de La Bresse, 16 km de Gérardmer, 125 km de Strasbourg et 834 km de Bordeaux.

@TNG_AIR

Avec Thomas, pas de compromis : son compte c'est 100% nature, 100% drone. Et c'est 100% efficace !

36 HEURES EN RAQUETTES DANS LES VOSGES

On embarque avec Clara Ferrand, alias Clarafotomania, experte en bivouac & rando, pour une aventure hivernale dans le parc des Ballons des Vosges. **Au programme : des raquettes, des copains et un bon fromage local** dans le sac pour le dîner. Le top !

CLARAFOTOMANIA

Si vous cherchez une idée de rando en France, allez voir le site et la page Instagram de Clara : elle a dû tester la moitié des GR de France !

▶ www.wildroad.fr

JOUR 1 > VILLAGE D'HILSEN > PETIT BALLON (1272 M)

10 H

LE GRAND DÉPART se fait du petit village d'Hilsen, à seulement 40 minutes de Colmar ou Mulhouse. Le ciel est gris mais l'ambiance est au beau fixe, avec de vieux chalets en bois, des sapins couverts de neige et une montée en pente douce. C'est seulement après notre pause déjeuner que ça a commencé à se gâter…

15 H

LA TEMPÊTE DE NEIGE commence quand on sort de la forêt pour entamer la montée jusqu'au sommet du Petit Ballon. On ne voit pas à plus de 5 mètres. Les panneaux d'indication sont totalement recouverts de neige.

Neige, vent et froid : c'est la Sibérie dans les Vosges !

18 H

ON AFFRONTE UNE NUIT POLAIRE !

La tente est montée rapidement. Dehors, il fait -6 °C, le vent souffle en rafales et il neige toujours aussi fort. Vivement demain !

JOUR 2 > PETIT BALLON > VILLAGE D'HILSEN

10 H

LA MATINÉE EST FÉERIQUE. La neige s'est accumulée toute la nuit, et le soleil est là : c'est magique ! **Nous reprenons notre marche, direction le col du Hilsenfirst** sous un ciel tout bleu. On n'entend que le « scritch scritch » de nos raquettes dans la neige.

L'arrivée en haut du col est grandiose, avec une vue dégagée sur la plaine d'Alsace et les Alpes suisses.

14 H 30

COMME DANS UN RÊVE, la fin est en pente douce. Un dernier casse-croûte, une dernière descente dans la forêt, quelques ruisseaux à enjamber, et nous voilà de retour à Hilsen. On repart quand ?

TUTO

BIEN PLANTER SA TENTE DANS LA NEIGE

1. Évitez les zones exposées aux vents et les emplacements trop près des arbres.
2. Utilisez vos raquettes pour damer une zone plate.
3. Plantez votre tente et dressez des petits murs de neige pour vous protéger du vent.
4. Creusez un trou de 50 cm de profondeur juste à l'entrée de la tente pour ménager une fosse à froid.
5. Allumez votre réchaud et faites chauffer des nouilles chinoises !

ÎLE DE PADAR

Cette île est complètement surréaliste ! Un peu de savane, des montagnes escarpées, et surtout **3 baies aux plages improbables : l'une a du sable blanc, l'autre du sable noir et sur la dernière il est... rose** ! Bien que située dans le parc national de Komodo, l'île ne possède malheureusement plus de « dragons » depuis plusieurs années.

Séance du coach : Aujourd'hui, travail sur le souffle et la respiration en milieu aquatique. Enfilez votre combinaison, votre masque et vos palmes : on vous attend sur le bateau.

ON Y VA ! Cette île d'Indonésie fait partie de l'archipel des Petites Îles de la Sonde, ou Nusa Tenggara, à l'est des îles de Java et Bali.

LES PETITES ÎLES DE LA SONDE, CÔTÉ TERRE

FLORES

C'est la plus grande, et peut-être la plus belle ! Plages, villages, volcan, cascades, à découvrir à scooter. Au top !

SUMBA

Paysages époustouflants, population accueillante et rites ancestraux : **cette île est un paradis encore préservé** !

LEMBATA

C'est la plus sauvage des trois. Si vous y allez, évitez le dimanche : il est interdit de se baigner dans la mer ce jour-là !

@THISMATTEXISTS

Depuis Vancouver, Matt adore partir à l'aventure autour de chez lui. Alors quand on lui a parlé de l'aventure Petaouchnok, il a tout de suite adhéré, en nous donnant même sa photo pour la couverture !

TRIP PLONGÉE EN INDONÉSIE

C'est parti pour un dive trip paradisiaque dans l'archipel des Petites îles de la Sonde, série d'îles volcaniques allant de Bali au Timor, réputées notamment pour la plongée, avec de nombreux spots de rêve. Mais avant de plonger...

JACQUES A DIT PASSE TON PADI !

PADI, C'EST QUOI ?

Le PADI (ou PADI Open Water) c'est le **permis de conduire de la plongée**. Indispensable avant de partir en dive trip.

ÇA SE PASSE COMMENT ?

D'abord une partie théorique avec un test, puis une partie pratique avec **4 plongées pour apprendre les bases.**

COMBIEN DE TEMPS POUR L'AVOIR ?

Pour passer son PADI, il faut compter **4 jours tout compris**, qu'on peut réduire à 3 en passant la théorie chez soi avant d'arriver.

COMBIEN ÇA COÛTE ?

En Indonésie, il faut compter **autour de 350 euros tout compris** (sauf les cocktails au coucher du soleil).

1 OÙ PASSER SON PADI ?

Les 3 petites îles Gili, au large de Lombok, sont idéales pour débuter la plongée. Des fonds marins incroyables, un environnement fantastique, des hôtels avec centre de plongée intégré et des prix imbattables !

À VOS MASQUES, PRÊTS, PLONGEZ !

ÎLE DE SUMBAWA

Ça commence fort ! Coraux et poissons multicolores, raies et même tortues si vous êtes chanceux. Puis partez à scooter explorer cette île méconnue, entre villages de pêcheurs, mangrove, **plages de rêve et spots de surf mondialement connus.**

ÎLE DE KOMODO

Ici, vous allez bien sûr croiser des dragons, de la savane, de la jungle, des plages... et 67 spots de plongée répartis au nord et au sud de l'île : **c'est un paradis sous-marin, un des plus extraordinaires du monde !**

ÎLE D'ALOR

Terminus sur l'île la plus sauvage de notre trip ! Niveau plongée, c'est un best of, avec de sublimes jardins de corail, des poissons dans tous les sens, des tortues et même des requins-marteaux. Pas sûr que vous ayez envie de rentrer...

LE SPOT POUR DÉCOMPRESSER

Faites souffler vos oreilles en allant voir ce qui se passe **en haut du volcan Kelimutu, sur l'île de Flores** ! Après seulement 15 minutes de marche, vous arrivez au sommet où apparaissent 3 cratères remplis de trois lacs aux couleurs différentes et qui changent de couleur régulièrement. Unique !

VALLÉE DE STRYN

Comme souvent en Norvège, **le coin est un petit paradis pour les amoureux de la nature**. Glaciers époustouflants, montagnes majestueuses, lacs profonds, sans oublier ces incroyables méandres qui nous conduisent tout droit vers la mer et ses fjords envoûtants. Et bien sûr, été comme hiver, le terrain de jeu est ouvert… et infini !

Séance du coach : Après l'effort, place à la récupération ! Une dernière séance tout en décontraction, pour apaiser vos muscles et votre esprit.

ON Y VA ! Située dans l'ouest du pays, Stryn est accessible par la E39, cette route des fjords aux mille ponts, tunnels et bacs qui relie Bergen à Trondheim.

TESTEZ LA RÉCUPÉRATION NORVÉGIENNE

HYTTETUR

C'est le concept norvégien du week-end cabane en pleine nature. Coupez du bois, buvez une boisson chaude, allumez un feu, allez vous baigner. Et recommencez…

KOS

Passez du temps avec vos proches, partagez un bon repas, faites une balade en forêt. C'est ça le « kos », l'art de cultiver les moments simples et réconfortants. Ça fait un bien fou !

MIDNATTSOL

De mai à juillet, au-delà du cercle arctique, **prenez un peu de hauteur et admirez le soleil de minuit** et ses couleurs exceptionnelles. Récupération mentale garantie.

@VIKTOR.ASZTALOS.PHOTOGRAPHY

Croyez-le ou non : Viktor travaille dans la logistique à Budapest. La photo, ce n'est que quand il a du temps libre. Ça donne envie d'être logisticien !

TOURNER À GAUCHE, MÊME SI C'EST À DROITE

À droite, on connaît : c'est le chemin le plus court, le classique, le rassurant. Et si cette fois on tentait à gauche, juste pour voir ? Ça risque d'être plus long, plein d'inattendu, avec parfois des plans galère, mais c'est clairement sur cette route inconnue que vont naître nos plus belles émotions !

PALAIS DES VENTS

ON Y VA ! Capitale du Rajasthan, Jaipur est la porte d'entrée vers les merveilleux Udaipur, Jodhpur et Jaisalmer.

Cette hallucinante façade de 15 mètres de haut, dressée en plein milieu de la ville, impressionne par ses nombreux balcons décorés et ses 953 petites fenêtres (on les a comptées !). **C'est d'ailleurs ces fenêtres, permettant à l'air de circuler, qui ont donné son nom au palais.**

En plus de créer des courants d'air, elles permettaient aux femmes du harem royal d'observer la rue sans être vues. Une petite liberté accordée par le maharadjah de l'époque…

▶ N'hésitez pas à monter sur l'une des terrasses de café en face pour avoir une meilleure vue sur ce palais.

4 OPTIONS POUR UN DELHI – JAIPUR MÉMORABLE

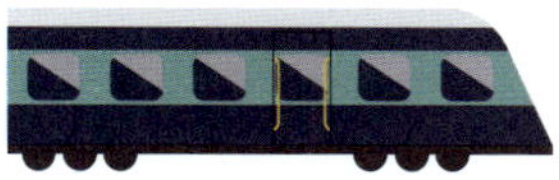

LE TRAIN

Sans doute le meilleur choix ! **Un trajet parfait qui ne dure que 6 heures**, le temps idéal pour vivre l'expérience du train en Inde, rencontrer du monde et acheter du *chai* à un vendeur ambulant !

LE BUS

Belle alternative au train, plus rapide même, à condition d'aimer les Bollywood et les Ganesh collés sur les pare-brise. **Évitez simplement les places à l'avant**, pas toujours rassurantes…

LE TAXI AMBASSADOR

Le look des taxis en Inde n'a pas changé depuis 60 ans, et **s'offrir un trajet dans cette icône est indispensable** au cours de votre voyage. Mais pour un Delhi-Jaipur, ça risque de coûter un peu cher…

LE RICKSHAW

Une option beaucoup trop improbable pour un trajet de 270 km ! Mais une solution idéale une fois arrivé à Jaipur pour slalomer dans le trafic. **On vous explique tout page suivante.**

@YLLI

Si vous en avez marre de voir défiler des paysages, allez donc sur le compte d'Ylli Lamaj, ça va vous faire du bien ! Ici, c'est la fête des bâtiments, des villes et des villages un peu partout en Europe.

EXPLORER JAIPUR
LA VILLE ROSE

Le rickshaw, en Inde, c'est une institution, un passage obligé pour se plonger au cœur des villes et sentir toute l'ambiance. Et emprunter ce transport peut parfois se transformer en aventure sans fin ! Prenez place, et voyons quel niveau vous avez !

BIEN CHOISIR SON PINK RICKSHAW

GIRL POWER ! Les meilleurs chauffeurs de rickshaw de Jaipur sont des femmes, elles font partie de la Pink City Rickshaw Company ! Avec elles, partez à la découverte des coins de Jaipur moins touristiques, à bord de leur véhicule électrique, et soutenez cette géniale initiative qui vise à donner un emploi à 200 femmes issues des quartiers pauvres de la ville.

▶ www.pinkcityrickshawcompany.com

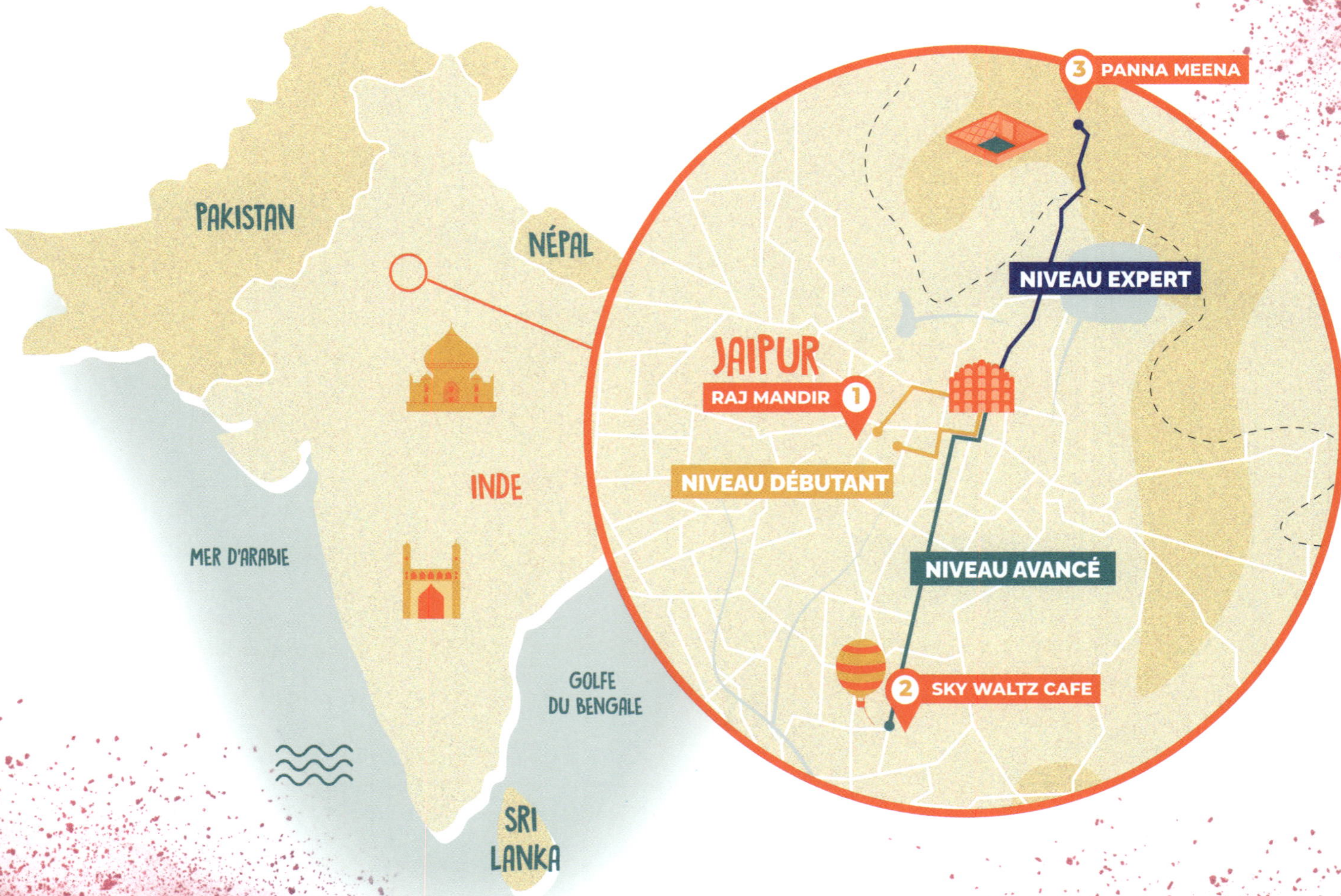

3 CIRCUITS POUR DÉCOUVRIR LA VILLE

CHAI & BOLLYWOOD

DÉBUTANT Un premier stop pour boire un *chai* chez **Gulab Ji**, une légende de 94 ans qui sert du thé depuis près de 50 ans. Puis direction le **Raj Mandir** pour voir un Bollywood au cinéma ! Une expérience géniale où le spectacle se passe autant sur l'écran que dans la salle !

VOL EN MONTGOLFIÈRE

AVANCÉ Ici, au **Sky Waltz Cafe**, on organise des vols inoubliables en montgolfière au-dessus de la campagne autour de Jaipur pour découvrir toutes les beautés du Rajasthan au petit matin. Si la météo est de votre côté, vous pourrez survoler le fort d'Amber qui domine Jaipur. Magique !

PANNA MEENA

EXPERT **Digne d'une œuvre d'Escher**, ce puits à degrés, construit au 16e siècle, permettait aux habitants de récupérer et de puiser de l'eau. Et comme souvent en Inde, on n'a pas hésité à ajouter des ornements et des statues pour rendre le tout merveilleux !

SUPER COMBO

Vos points comptent double si vous enchaînez avec le fort d'Amber, merveille du Rajasthan, à l'emplacement de rêve et au raffinement extraordinaire !

TENTEZ LE RICKSHAW RUN, LA COURSE ULTIME

UNE COURSE FOLLE en rickshaw à travers l'Inde ! Un point de départ, un point d'arrivée, et c'est tout ! Choisissez la route la plus rapide/belle/dingue et tentez de relier les 2 points à bord de votre rickshaw.

La course dure environ 16 jours, l'ambiance est délirante et la fête à l'arrivée, mémorable !

▶ www.theadventurists.com/adventures/rickshaw-run

PYRAMIDES DE GIZEH

S'il existe encore beaucoup de mystères autour de ces pyramides, il y a quand même quelques certitudes ! Elles sont âgées (plus de 4 500 ans), elles sont grandes (138 m de haut pour la pyramide de Khéops, la première sur la photo), et Khéops était le père de Khéphren, qui était le père de Mykérinos… lequel était donc le petit-fils de Khéops !

▶ Les plus fins observateurs auront repéré l'extraordinaire sphinx de Gizeh au bout de la chaussée menant à la pyramide de Khéphren (celle du milieu). 70 mètres de long et 20 mètres de haut : **c'est la plus grande sculpture monolithique du monde** !

ON Y VA ! Les pyramides ne sont qu'à 18 km du centre du Caire, et de plus en plus près…

DÉCOUVRE LES PYRAMIDES MYSTÈRES

En reliant ces points, découvre quelles sont ces pyramides mystères (réponse p. 187).

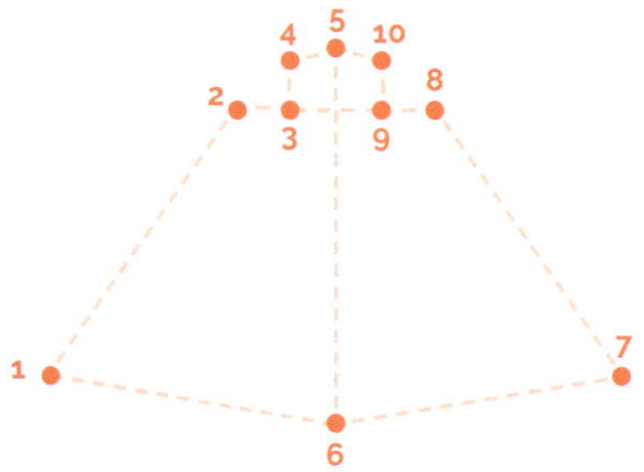

PYRAMIDE 1

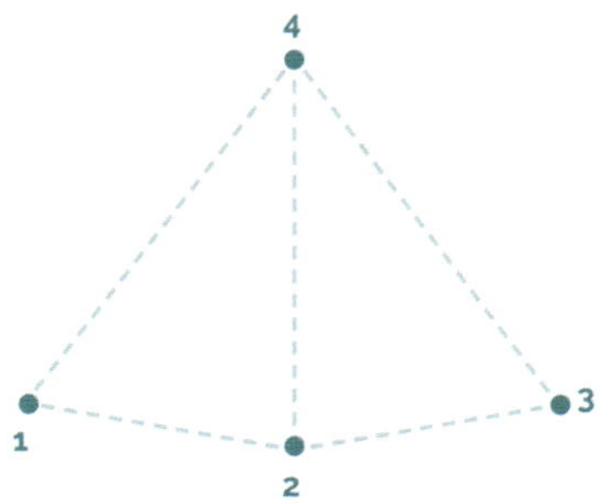

PYRAMIDE 2

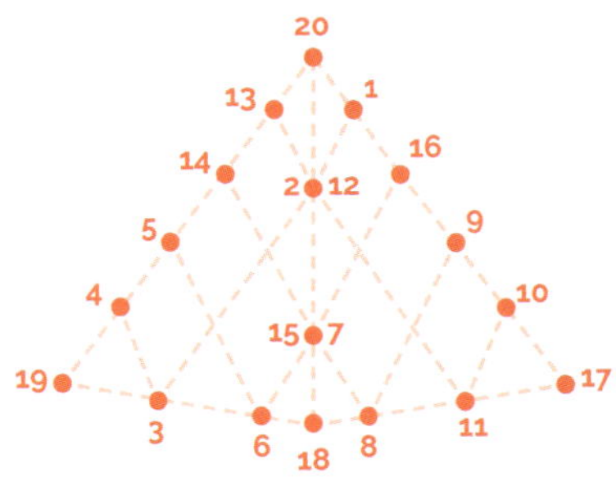

PYRAMIDE 3

@SEBASTIEN.NAGY

Depuis Bruxelles, Sébastien part aux 4 coins du monde faire des photographies spectaculaires. On vous a déjà montré le Portugal (p.15), il y a aussi la Sicile (p.141) et la France (p.149). Pour le reste, c'est sur Instagram !

JEU DE L'OIE DU CARNAVAL DE GIZEH

Aujourd'hui, c'est le grand carnaval de Gizeh ! Naviguez dans les rues du Caire, trouvez-vous un costume et rendez-vous devant les pyramides déguisé !

Ce jeu de l'oie se joue avec un dé !

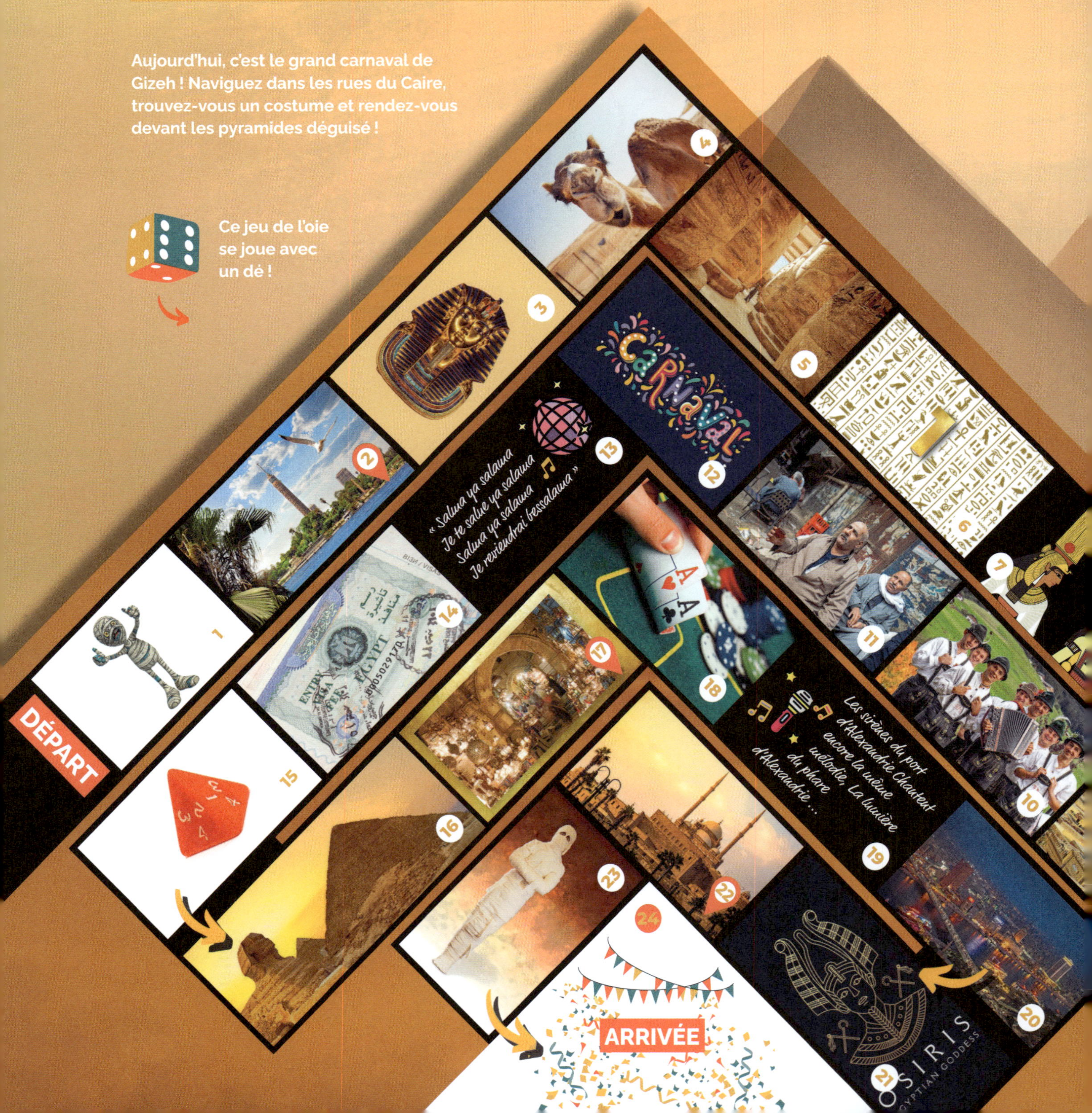

2 LA TOUR DU CAIRE

Cette tour domine la ville du haut de ses 187 mètres depuis 60 ans ! La vue sur le Caire et ses environs vaut le coup d'œil… tout comme la salle de restaurant rotative au sommet, qui effectue un tour complet en 20 minutes !

9 LA CITÉ DES MORTS

Cet endroit ne laisse personne indifférent… **Ce cimetière musulman, le plus grand du Moyen-Orient, est devenu petit à petit un vrai quartier de la ville,** avec des Cairotes habitant dans les anciens tombeaux et mausolées, des cafés et même des magasins.

17 LE KHAN EL-KHALILI

C'est le grand souk du Caire, où l'on trouve de tout, même des déguisements ! Allez vous y perdre, marchander, boire un thé et admirer les palais, mosquées et demeures extraordinaires disséminés dans ce dédale de boutiques.

22 LA MOSQUÉE MOHAMMED-ALI

Si vous lui trouvez des airs de la Mosquée bleue d'Istanbul, c'est normal, elle s'en est grandement inspirée ! Minarets fins et élancés, cascade de dômes et impressionnante coupole de 52 mètres de haut : **c'est un des symboles du Caire**.

RÈGLES DU JEU

1 Bon départ. Rejoue.

2 La tour du Caire.

3 Tu découvres la collection extraordinaire du tombeau de Toutankhamon au Grand Musée égyptien et tu te perds dans l'auditorium. Kamoulox ! Passe un tour.

4 Laisse tranquille ce dromadaire : il est désormais interdit de se balader sur leur dos en Égypte !

5 Si tu connais le chanteur du titre « Louxor j'adore », va directement à la case 12. Sinon, écoute Philippe Katerine.

6 Le savais-tu ? C'est le Français Champollion qui a déchiffré les hiéroglyphes en 1821, grâce à la pierre de Rosette. Cette stèle contenait le même texte de loi écrit en 3 écritures : hiéroglyphes, hiéroglyphes simplifiés et grec ancien. Un vrai dictionnaire de poche !

7 Tu n'as pas le bon profil, recule de 3 cases.

8 Aïe ! Tu t'es trompé de ligne, recule de 2 cases.

9 La Cité des morts.

10 Un ami tyrolien te prête sa culotte en cuir à bretelles pour la soirée. Va en p.113 pour la récupérer et file en case 20 pour fêter ça.

11 Un petit thé à la menthe ?

12 Bonne nouvelle : tu es officiellement invité au carnaval ! Mauvaise nouvelle : le carton d'invitation est écrit en hiéroglyphes. Retourne sur la case 6.

13 Gage : chante ta chanson préférée de Dalida et relance le dé.

14 Ton visa a expiré, pas de carnaval cette année. Rendez-vous page Cairote (40).

15 Dés. Rejoue !

16 On n'est pas bien, là, décontracté du sphinx, à chercher un déguisement au Caire ?

17 Le Khan el-Khalili. Achète ton déguisement.

18 Case coup de poCaire : si tu as un déguisement, file en case 23. Sinon, file en case 23 quand même.

19 Gage : chante « Alexandrie, Alexandra » et relance le dé.

20 Nuit folle au Caire avec tout le gratin cairote.

21 Case Osiris, dieu des Morts. Retourne à la Cité des morts, case 9.

22 La mosquée Mohammed-Ali.

23 Tu as ton déguisement ? Sinon, retourne au souk, case 17.

24 Carnaval de Gizeh.

HAMEAU DE MENEHAM

Dans la catégorie « maison improbable de charme », voici celle du douanier de Meneham ! Ancien poste de guet, elle était la première maisonnette de tout un village de pêcheurs construit entre d'immenses rochers dans le creux d'une dune. Superbe !

Bien camouflée, cette maison offre un poste d'observation idéal de la Côte des Légendes, avec ses plages de sable blanc et des chaos de rochers à perte de vue qui émergent d'une eau transparente. Un peu comme les Seychelles… mais en plus froid !

Bonne nouvelle : en moins de 2 heures, le long d'une voie cyclable paisible, vous êtes à Roscoff, point de départ d'un voyage extraordinaire… dont on vous parle juste après !

ON Y VA ! Direction le Finistère et la commune de Kerlouan. Un terrain de jeu prometteur pour cyclistes en herbe !

@BOKEHMON

Johannes adore l'Europe, les paysages brumeux et les villages perdus dans la campagne. En suivant son compte, vous aurez droit à une petite pépite presque tous les jours.

TRAVERSEZ L'EUROPE À VÉLO

DIRECTION L'UKRAINE

À Meneham, pour partir à l'aventure, c'est pas compliqué : prenez un vélo, **rejoignez l'EuroVelo 4 à Roscoff et foncez jusqu'à Kiev** !

Cette voie cyclable de **5 100 km à travers 7 pays** est une des plus folles d'Europe !

CHÂTEAU DE JOHANNISBURG

Vous ne pourrez pas le rater ! Déjà parce que la piste cyclable passe en dessous, le long du Rhin, et surtout parce qu'il est gigantesque… tout comme sa collection de monuments reproduits en liège (la plus grande du monde !).

STEP 1

LA VÉLOMARITIME

Coucou la côte atlantique, le mont Saint-Michel et la côte d'Opale jusqu'à Bruges ! **Ce n'est peut-être pas la partie la plus dépaysante, mais c'est la mieux aménagée**… et peut-être la plus belle ! Un échauffement de 1 400 km quand même !

ÉTRETAT

« Très vite », vous devriez croiser Étretat, ses falaises, son aiguille et sa petite chapelle. Pour plus de détails, rendez-vous p. 103.

PRAGUE

Avant de quitter cette magnifique ville, n'oubliez pas de faire un crochet à Hřensko et aux gorges de Kamenice (p. 89).

BASSES-CARPATES

Avant d'arriver en Ukraine, vous passerez par cette région somptueuse ! Des centaines d'églises en bois, des palais et... des ours qui évoluent dans un parc naturel protégé !

STEP 3
TOUS À KIEV

La fin est plutôt sport, puisque la route n'est pas encore totalement aménagée ! Mais après plus de 4 000 km à travers toute l'Europe, à quelques coups de pédales de l'Ukraine, ce serait trop dommage de ne pas aller au bout, ne serait-ce que pour voir Kiev !

STEP 2
DIRECTION CRACOVIE

L'Allemagne, le Rhin, la Bohême du Nord, Prague et bien sûr Cracovie : **ambiance fleuves, canaux, châteaux et forêts pour le plat de résistance**. En finissant par un peu de dénivelé dans les collines tchèques, mais pas de quoi vous arrêter !

KIEV

Vous allez adorer Kiev, et pas seulement parce que ce sera la fin de votre épopée ! Avant de rentrer, passez voir le quartier de Comfort Town et ses immeubles Lego !

VILLAGE DE GANGI

Gangi est **un concentré de Sicile** posé au sommet d'une colline ! Rangées de maisons au toit rouge, palais prestigieux, églises pittoresques… et cuisine sicilienne à tous les coins de rue !

Malgré son titre de plus belle ville d'Italie obtenu en 2014, **Gangi a été l'un des premiers villages du pays à tenter de sauver son centre-ville en proposant des maisons à vendre à 1 euro**. Depuis, les offres se sont multipliées dans tout le pays, du Piémont aux Pouilles en passant par la Toscane ou les Abruzzes : il y en a pour tous les goûts !

▶ Tiens, d'ailleurs, et si on allait visiter toutes ces régions à pied ? Il existe un sentier pour les traverser, et on a hâte de vous en parler !

ANDIAMO !
À vol d'oiseau, Gangi est à équidistance de Palerme et de Catane. Et surtout à seulement 1 heure de la mer !

@SEBASTIEN.NAGY

Sébastien nous l'a affirmé : Charlie est caché quelque part dans cette photo. Mais où ? (solution p. 187)

TRAVERSEZ TOUTE L'ITALIE
DU NORD AU SUD*

De la Sardaigne aux Alpes, en passant par la Sicile, la Calabre ou encore la Toscane, **partez (re)découvrir toutes les merveilles de l'Italie à pied,** au plus près de la nature, de ses habitants et de sa gastronomie !
Ce **Sentiero Italia,** largement méconnu, est absolument fabuleux !

SENTIERO ITALIA

6 880
kilomètres

Presque toute l'Italie y passe ! Choisissez le tronçon qui vous fait rêver, et c'est parti !

148
jours

C'est le record pour couvrir les 6 880 km du sentier. Une moyenne « correcte » de 54 km/jour !

350
villages

C'est le nombre de villages traversés. Autant d'occasions de tester l'hospitalité locale, de réviser son italien et de goûter à mille spécialités culinaires !

350 000
mètres

C'est le cumul du dénivelé positif de toute la route. Et c'est beaucoup ! On est clairement plus montagne que plage !

***ou dans l'autre sens si vous préférez.**

3 RÉGIONS, 3 AMBIANCES

1 SICILIA BABY !

29 étapes, 53 km, 13 800 m de D+

Probablement le tronçon où vous verrez le plus la mer. Bonne nouvelle : **le sentier ne passe qu'à 5 km de Gangi (détour obligé)**, et permet même de faire un crochet par l'Etna. Royal !

Monte Cofano

Val d'Orcia

2 LA DOLCE TOSCANA

21 étapes, 324 km, 16 700 m de D+

Des villages, des collines escarpées, des églises perdues sur le chemin ! Mais promis, cette fois, vous allez passer loin des cartes postales et partir à la rencontre des habitants et de leur gastronomie. *Splendido* !

ABRUZZES, AMORE MIO 3

16 étapes, 320 km, 15 100 m de D+

Découvrez une Italie sauvage largement méconnue, avec des villages-citadelles perdus dans la montagne, 5 parcs nationaux, des loups et même des ours. *Andiamo* !

Église Santa Maria de la Piéta

PRENEZ À DROITE EN DIRECTION DES POUILLES

Ville d'Ostuni

4 POUILLES

30 étapes, 660 km, 9 900 m de D+

À Campitello Matese, dans la région du Molise, vous aurez le choix : continuer sur le sentier principal ou tenter l'itinéraire bis direction les Pouilles. **Avec la possibilité de passer à Ostuni et Polignano a Mare.**

Polignano a quoi ? Tournez la page pour tout comprendre !

POLIGNANO A MARE

Maisons en pierre blanche construites au bord d'une falaise de 20 m de haut, ruelles sinueuses et animées, balcons panoramiques dominant la mer Adriatique : **nous sommes bien devant l'un des plus beaux villages du sud de l'Italie** !

Chaque année, un concours de plongeon est organisé depuis la terrasse rouge que l'on voit sur la photo. Spectaculaire et vertigineux…

▶ Dans les Pouilles, il n'y a pas que des plages et des villages perchés ! La preuve en images !

ANDIAMO ! Ce village est à deux pas de la magnifique Monopoli, et à seulement 60 000 pas du Sentiero Italia !

3 SPOTS QUI FONT PAS POUILLES

GROTTA SFONDATA

Extraordinaire oasis naturelle formée par l'effondrement du plafond de la grotte. **Accessible à la nage depuis la baie du Mulino d'Acqua.**

SALINE DI MARGHERITA DI SAVOIA

Spot magique avec ses lacs roses et ses flamants roses. Ce sont officiellement **les plus grandes salines d'Europe** !

MATERA

Cette ville, avec ses maisons troglodytes classées à l'Unesco, **est un joyau d'Italie**… situé en Basilicate, donc très pas Pouilles !

@IMAGINAPULIA

Un compte (et un site) 100% dédié aux Pouilles, aux meilleurs spots et bons plans de la région. Aux manettes, Daria et Roberto qui ont trouvé le temps de nous envoyer leur photo la veille de leur mariage !

CULTIVER LES POUVOIRS DU JETLAG PERMANENT

Exploration à 6 heures du matin, escalade nocturne d'un volcan, nuit polaire pendant 4 mois… Autant vous prévenir tout de suite, votre horloge biologique va être un peu chamboulée par nos propositions, pour le meilleur… et pour le meilleur !

BAIE DU MONT SAINT-MICHEL

Prenez une baie, plutôt grande, avec d'immenses marées. Mettez-y une petite île sur laquelle vous posez quelques maisons médiévales et des remparts. Et, au sommet, construisez une abbaye sublime avec église, cloître et statue perchée au bout de la flèche du clocher à 160 mètres de haut. Vous obtiendrez alors un des endroits les plus emblématiques et magiques de France… et du monde !

▶ **Pour éviter la foule**, essayez autant que possible de venir hors saison. Sinon, tentez l'expérience de l'early tourism.

ON Y VA ! Situé entre Granville et Cancale, le mont Saint-Michel n'est vraiment pas très loin de la Bretagne… mais c'est bien en Normandie !

EARLY TOURISM, MODE D'EMPLOI

6:30

Traverser la baie au petit matin, accompagné d'un guide insomniaque (indispensable).

7:57

Flâner dans les rues vides du village en attendant l'ouverture de la boulangerie à 8 h.

8:30

Faire le tour des remparts avec le soleil qui se lève et grimper les 200 marches jusqu'à l'abbaye.

9:30

Entrer le premier dans l'abbaye et en profiter (presque) seul.

@SEBASTIEN.NAGY

Un bulletin météo qui annonce de la neige, une doudoune et un thermos de café pour patienter. Voilà comment Sébastien a fait LA photo du mont Saint-Michel ! Spoiler alert : c'est sa dernière photo dans ce livre !

VOLCAN BROMO

Bienvenue dans **la plus impressionnante région volcanique d'Indonésie** ! Ici, 5 volcans ont poussé à l'intérieur d'un ancien cratère géant. Le Bromo (celui qui fume sur la photo) est le plus connu d'entre eux car facilement accessible via un escalier de 250 marches. Le spectacle volcanique « son et lumière » en haut y est magique !

Le grand cône derrière, c'est le mont Semeru, immense volcan actif à 3 676 mètres d'altitude. Son ascension est épique, elle se déroule de nuit, comme d'autres chouettes activités en Indonésie.

ON Y VA ! Cette caldeira est située à l'est de l'île de Java, dans le parc national de Bromo-Tengger-Semeru.

INDONÉSIE BY NIGHT – NOTRE TOP 3

GRAVIR UN VOLCAN

Pour le Semeru, le départ est à minuit, suivi par 5 heures de montée dans la cendre et le lever du soleil sur tout Java. Une nuit blanche dont on se souvient !

ADMIRER DU PLANCTON

Le plancton bioluminescent émet de la lumière quand il se sent en danger, illuminant la mer comme des néons. Visible sur quelques plages d'Indonésie.

DORMIR

Une dernière activité saine, utile et agréable qu'il est important de pratiquer régulièrement, notamment en voyage quand les journées sont riches !

@CEE_EXPLORER

Cédric, c'est un des photographes qui a le mieux compris ce qu'on voulait dire dans notre premier chapitre (voir p. 10) ! Ses photos aériennes sont spectaculaires, très graphiques, et nous font découvrir un monde magnifique.

NUIT POLAIRE AU SPITZBERG

ON Y VA… OU PAS !
Les femmes enceintes et les personnes âgées dépendantes sont interdites de séjour ici, faute d'hôpital. Si vous n'êtes pas concerné, le plus simple pour venir reste l'avion… ou la croisière.

Spitzberg est la principale île de l'archipel de Svalbard, territoire norvégien frôlant le pôle Nord. C'est là que se trouve la principale ville, Longyearbyen, où vivent près de 2 000 habitants (ils sont 3 000 sur tout l'archipel).

Ce sont surtout les paysages arctiques qui impressionnent ici : glaciers, fjords, montagnes et vastes étendues blanches immaculées. **Un avant-goût du pôle Nord** !

▶ De novembre à février, le jetlag est permanent : la nuit est totale… totale ! La preuve en images !

3 SPOTS IMMANQUABLES EN JANVIER AU SPITZBERG

GLACIER DE MONACO

Ce gigantesque glacier se jette dans le Liefdefjord, au nord-ouest de l'île. Spectaculaire.

KONGSFJORD

De magnifiques glaciers et **des montagnes aux pics acérés** autour d'une eau turquoise. Grandiose.

BAIE DE LA MADELEINE

Paysage emblématique de l'île, avec, dans le fond, les vestiges de baleiniers. Glaçant.

@STEVE.MC.CAIN

Steve n'a pas son pareil pour capter les lumières uniques des nuits polaires. Groenland, Alaska, Scandinavie : l'obscurité l'inspire beaucoup !

FEUILLE BLANCHE POUR NUIT NOIRE

CARNET DE VOYAGE

Les nuits polaires peuvent être longues… Alors voici un carnet de notes pour vous aider à poser des mots sur ce que vous ressentez, ce que vous vivez.

EXPRESSION LIBRE

Nuit polaire ou pas, **cette page blanche est là pour que vous laissiez libre cours à votre imagination !** Écrivez, dessinez, gribouillez, délirez : aucune contrainte ! Et n'hésitez pas à nous envoyer vos créations : ça nous fera super plaisir ! #ptklivre

LAGUNA COLORADA

Situé à 4 278 m d'altitude et profond de seulement 35 cm, ce lac salé est connu pour ses teintes roses intenses dues aux algues et au plancton qui y vivent. C'est également le paradis pour les flamants roses qui viennent se reproduire dans ce décor extraordinaire.

▶ **Dans le coin, les lacs ont presque tous des couleurs psychédéliques** : après ce rose intense, vous aimerez le lac vert ou encore le lac blanc pas loin !

ON Y VA ! Ce lac est un passage obligé sur l'exceptionnel road trip qui relie Uyuni, en Bolivie, à San Pedro de Atacama, au Chili (plus de détails page suivante).

@_ROMANMORAN

Sur le compte de Michael, vous allez trouver 2 choses : des grands espaces nord-américains et des grands espaces sud-américains. Et c'est tout... Pas si mal !

EN ROUTE POUR 24 H ALTIPLANANTES
ENTRE LE CHILI ET LA BOLIVIE

3 LES GEYSERS SOL DE MAÑANA (ALT. 4 850 M)

C'est tôt le matin que le show a lieu, quand il fait encore frais : des fumerolles et des geysers se réveillent alors et émettent des jets de vapeur et d'eau chaude de plusieurs mètres de haut. Avec une bonne odeur de soufre au passage !

2 L'ARBRE DE PIERRE DU DÉSERT DE SILOLI

Au milieu du désert, il ne faut pas rater cet extraordinaire rocher en forme d'arbre, construit par des siècles d'érosion éolienne et qui défie la gravité !

1 LE VOLCAN LICANCABUR

La lune part se coucher et le jour se lève à peine sous le regard du volcan Licancabur et ses 5 916 mètres. Une dernière gorgée de thé au coca, et c'est parti ! Le road trip commence.

4 LE DÉSERT DE DALÍ

Si vous aimez Dalí, vous allez adorer. Et si vous n'aimez pas Dalí, vous allez adorer quand même ! Dans ce petit désert, le paysage de crêtes montagneuses et de rochers étranges fait bizarrement penser aux décors de nombreuses peintures du peintre espagnol.

LE SALAR DE UYUNI 5

Cet endroit donne le vertige ! À 3650 mètres d'altitude, ce sont des kilomètres et des kilomètres de sel quadrillés d'alvéoles géométriques. Pour un effet encore plus vertigineux, tentez d'y venir entre janvier et mars, lorsque les précipitations inondent le salar et le transforment en miroir géant.

LE CIMETIÈRE DE TRAINS D'UYUNI 6

Voici les vestiges d'une ligne de train qui reliait Uyuni au port d'Antofagasta.

14 H

16 H

18 H

20 H

LE DÉSERT D'ATACAMA 7

Grâce à une très faible pollution lumineuse, un taux d'humidité très bas et une altitude idéale, le ciel du désert d'Atacama offre un spectacle absolument exceptionnel !

REFLECTION CANYON

La création du lac Powell sur le fleuve Colorado a fait naître des dizaines de merveilles naturelles hors du commun ! **Sur près de 300 km se succèdent d'incroyables formations rocheuses, des grottes, des îles et des canyons** renversants aux rochers ocre et rouge !

Le Reflection Canyon est notre préféré ! Mais il se mérite : 10 heures de marche sans ombre, 30 km aller-retour et aucun point d'eau. **Une fois arrivé, plantez votre tente et attendez le lever du soleil : le spectacle est à couper le souffle...**

On s'est demandé si « reflection canyon » signifiait « canyon de la réflexion » ou « canyon du reflet ». On s'est dit que c'était plus drôle le reflet, parce que ça nous permettait de faire une bonne blague dans les pages suivantes. **Un conseil : prenez un miroir...**

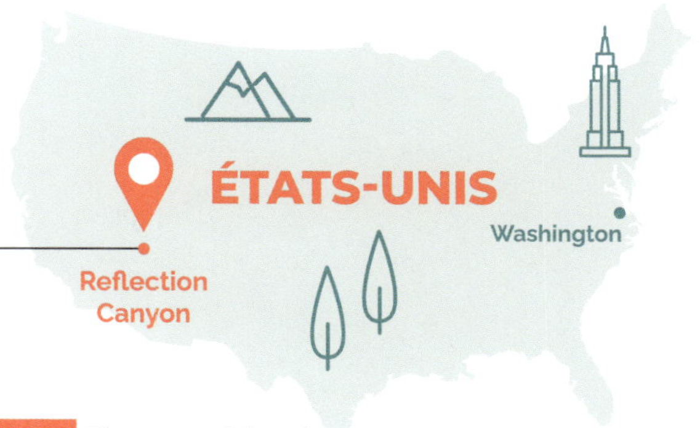

ON Y VA ! Bivouaquer ici peut se pratiquer lors d'un road trip dans l'Utah. Pour faire simple, le canyon se situe entre les parcs de Bryce Canyon et de Canyonlands.

@DAVIDMRULE

Après les Bentonite Hills (p. 69), revoilà David dans une ambiance qu'il adore... et qu'il partage sur son compte avec ses très belles photos de grands espaces américains.

4 PARCS NATIONAUX POUR EN PRENDRE PLEIN LA VUE

Si vous déchiffrez ces lignes, c'est que vous avez trouvé un miroir ou que vous êtes en train de tenir votre livre devant la glace de la salle de bains. Dans les 2 cas, félicitations ! Partons sans plus attendre dans l'Utah, cet extraordinaire État de l'est des États-Unis qui compte un nombre incalculable de merveilles naturelles !

STOP OU ENCORE ?

Vous en avez marre de lire dans un miroir mais vous aimez beaucoup l'Utah ? Allez voir p. 69, on vous parle du parc national de Capitol Reef... et la page est à l'endroit ! Et aussi, **on est sympas : on a mis cette page dans le bon sens p. 188.**

ARCHES NATIONAL PARK

Classique... mais fantastique ! Ce sont plus de 2 000 arches naturelles qui vous attendent dans un environnement désertique où la terre devient rouge au coucher du soleil. Des randonnées simples permettent d'accéder à des arches magnifiques. Immanquable !

ZION NATIONAL PARK

Autre ambiance ici, mais pas moins extraordinaire. Cette fois, c'est dans de profonds canyons que ça se passe, entourés de formations rocheuses impressionnantes. À découvrir lors d'une randonnée qui oblige à marcher dans l'eau. Inoubliable, surtout si on n'a pas prévu les bonnes chaussures !

BRYCE CANYON NATIONAL PARK

Le décor est à couper le souffle avec ses cheminées de fées, ces immenses formations rocheuses pointues qui se dressent sur des kilomètres. Là-bas, ils appellent ça des *hoodoos*, et en hiver avec de la neige, les jeux de couleurs sont fous !

CANYONLANDS NATIONAL PARK

Des canyons vertigineux, des cheminées de fées, des gorges et des ruines de villages indiens. C'est pas loin d'être un condensé des 3 parcs précédents !

VILLAGE D'UUMMANNAQ

Situé à 600 km au nord du cercle polaire, cet incroyable village de 1 200 habitants se trouve sur une petite île dominée par le majestueux pic Uummannaq, au milieu du fjord du même nom. C'est peut-être pas le bout du monde, mais pas loin !

Ici, les traditions sont encore largement préservées avec des pêcheurs en canoë, des chasseurs en traîneau… et des ours polaires, des baleines, des phoques et des icebergs jamais très loin !

L'hiver, Uummannaq passe en mode nuit, avec obscurité totale pendant 3 mois et des températures frôlant facilement les – 35 °C…

ON Y VA ! Au Groenland, tous les villages (ou presque) sont sur la côte ouest. À 700 km au sud d'Uummannaq, c'est Nuuk, la capitale. Et à 1 000 km au nord vous attend Siorapaluk, dont on vous parle juste après.

@THOMASCHUPHOTO

On vous conseille vraiment d'aller faire un tour sur le compte de Thomas : sa série de photos sur Uummannaq est superbe… tout comme ses autres photos d'ailleurs !

IMMERSION À SIORAPALUK

Vous avez aimé Uummannaq, ses maisons colorées et sa nuit polaire ? Grâce à Camille Michel, photographe et membre de l'Observatoire photographique des pôles, vous allez adorer Siorapaluk, **le village le plus au nord de la planète** ! Une immersion exceptionnelle dans le quotidien des 42 habitants de ce bout du monde.

CAMILLE MICHEL

Photographe passionnée par le Groenland, Camille a réalisé plusieurs reportages sur ces villages du bout du monde, créant à chaque fois un lien singulier avec ses habitants.

▶ www.camillem.net

Siorapaluk est situé à 1 362 km du pôle Nord, entre la montagne et la banquise. Il se compose d'une vingtaine de petites maisons en bois colorées. Une quarantaine d'habitants y réside toute l'année, essentiellement des chasseurs et leur famille.

ÇA CAPTE BIEN ?

L'électricité fonctionne dans le village, ainsi que la radio et Internet les bons jours ! En cas de mauvais temps, le réseau téléphonique est totalement coupé.

« Lorsqu'on se rend sur la banquise, on est toujours suivi aux jumelles par les habitants du village. C'est plutôt rassurant. »

À Siorapaluk, l'hospitalité est très forte. Face à la rudesse du climat, la vie est communautaire, dans le partage et l'entraide. **Les portes des maisons ne sont pas fermées à clé** (il n'y a pas de verrou aux serrures). Et il est même plutôt mal vu de frapper à une porte avant d'entrer.

LE MAGASIN EST LE POINT DE RENCONTRE DU VILLAGE.

On y trouve un peu de matériel de pêche, quelques vêtements, des denrées primaires, de l'essence, quelques boites de conserve et des sodas…

Un cargo de ravitaillement passe deux fois par an, quand la banquise le permet. Dans le même bâtiment il y aussi une petite banque et une petite poste.

À Siorapaluk, **la chasse reste la principale activité.** Les animaux chassés sont les phoques, les baleines, les morses, les renards arctiques, les lièvres arctiques, les ours polaires et les oiseaux migrateurs.

Course de chiens de traîneaux

BIEN S'ENTOURER POUR MIEUX REPARTIR

Petaouchnok, c'est une extraordinaire communauté de voyageurs répartis partout sur la planète, optimistes, curieux… et talentueux ! La preuve avec ces 11 photos que les abonnés Instagram ont sélectionnées parmi 5 300. Un chapitre de rêve pour finir en beauté !

« Le lac Inle, immense étendue d'eau de l'État Shan au Myanmar, nous a fait découvrir une vie fascinante au travers de ces marchés et de ces pêcheurs à l'agilité légendaire. Leur manière de tenir en équilibre sur une jambe et de ramer avec l'autre est tout simplement unique. »

@2GIRLSTRAVELS

« Ici, le paysage est à la fois minéral et verdoyant, offrant de magnifiques contrastes tout au long du sentier. Un petit air de bout du monde dans cette sublime vallée qui n'a cessé de m'émerveiller. Ne cherchez pas plus loin, le bonheur est là, sur ce petit chemin ! »

@LAPPRENTIEVOYAGEUSE

« Le réveil a sonné à 5 h 30 ce matin-là. Encore dans le noir, on a enfourché notre petite moto thaïlandaise et on est partis, direction le plus long pont en bambou du pays.

Créé par la population locale, il permet aux moines de traverser les rizières aux aurores chaque matin afin de rejoindre la ville pour la traditionnelle collecte des offrandes. Une scène captivante, presque mystique, bercée par le chant des moines qui s'élève dans la brume matinale. »

@ENTRE2POLES

« Les tempêtes hivernales ne sont pas rares en Bretagne, notamment dans le petit port de Lomener (Morbihan) où les vagues viennent s'écraser avec fracas sur la digue. Il s'agit alors de réussir à capter toute la puissance de l'océan et l'intensité de l'instant présent. »

@COCO.LLC

« L'erg Chegaga est le plus grand et le plus haut erg du Maroc, avec des dunes qui culminent à près de 300 mètres. Il reste assez méconnu car difficile d'accès : il faut conduire 1 h 30 de piste depuis le village le plus proche, M'Hamid el Ghizlane. »

@JULIENGUYARDPHOTO

« Dans la campagne d'Agra, loin de la foule, c'est ici que commence le véritable voyage. Hors des sentiers battus et à quelques encablures du Taj Mahal, me voilà nez à nez avec un ancien palais, aujourd'hui complètement abandonné. Moment suspendu, baigné dans le silence, dans la terre des contrastes. »

@JULIO.PENDILHE

« Les cénotes sont d'extraordinaires puits d'eau douce qu'on retrouve beaucoup sur la péninsule du Yucatan au Mexique. Le Cenote Suytun est un paradis sacré pour les Mayas et béni d'un rayon de lumière mystique, dont je suis tombée amoureuse lors de mon aventure mexicaine de plus de 8 mois. »

@JULIETTEDM

« Les salins dans toute leur splendeur, un arbre isolé et la montagne de sel juste derrière... Toujours dans un esprit minimaliste et avec une expo longue. J'espère que le résultat vous plaît. [À noter, le « o » de mon compte est un zéro.] »

@F.L.0.G

« J'ai capturé ce paysage lors d'une excursion au lagon de Sandwich Harbour, là où d'immenses dunes se jettent dans l'océan, depuis lesquelles vous pouvez apercevoir dauphins, otaries ou cormorans…

Ce site naturel exceptionnel, classé au patrimoine mondial de l'Unesco, abrite notamment « Big Daddy », une dune géante qui s'élève à plus de 300 mètres ! Imaginez mes yeux ébahis à son pied et les efforts déployés pour atteindre son sommet. Sur une dune, un pas en avant est souvent synonyme de deux pas en arrière…

Mais on oublie rapidement l'effort physique déployé une fois sur la crête, face à ce paysage sauvage et unique au monde, hors de tout contrôle humain et qui rappelle à quel point la nature est puissante. »

@NICOLASJEHLY

« Après une magnifique journée à sillonner les rues d'Athènes, nous profitons du coucher de soleil sur l'Acropole depuis la colline Filopappou. »

@PATOSS

« Saviez-vous qu'au Japon, il existe des mots poétiques intraduisibles en français ? Ces mots décrivent des concepts, une atmosphère, un sentiment, une poésie de l'instant. *Ukiyo* fait partie de ceux-ci. Il signifie « le monde flottant » et symbolise les plaisirs éphémères de la vie, le fait de vivre l'instant. »

@WORLDELSE

QUAND Y EN A PLUS,

Y EN A ENCORE...

SOMMAIRE DE LA FIN

RÉSULTATS DES JEUX

1 SOLUTION DE LA PAGE 13 > Mont Fanjing

Le fameux singe qui ne vit qu'autour du mont Fanjing, c'est lui, le rhinopithèque jaune doré, et il a un physique qui ne laisse personne indifférent !

Fourrure gris et brun, visage presque bleu, grands yeux ronds et narines pointant vers le haut à tel point qu'on dirait qu'il n'a pas de nez !

Longtemps menacée de disparition, l'espèce semble pour le moment tirée d'affaire, avec environ 700 singes recensés dans le parc du mont Fanjing. C'est bien mais c'est fragile, alors on ne lâche rien !

Rhinopithèque jaune doré

2 SOLUTION DE LA PAGE 47 > Village de Henningsvær

La maison bleue n'est pas un *rorbu* mais une cabane au bout d'un ponton en Australie. Rien à voir donc avec nos maisons de pêcheurs norvégiennes !

Historiquement, les *rorbuer* étaient peints en rouge (et moins souvent en jaune), car c'était la couleur la moins chère à produire : on l'obtient en mélangeant de l'ocre à de l'huile de foie de morue ! Le blanc, en revanche, était très cher : donc les personnes qui peignaient leur maison en blanc signifiaient clairement à leurs voisins qu'elles étaient riches.

CABANE ROUGE

CABANE BLEUE

CABANE JAUNE

③ SOLUTION DE LA PAGE 133 > Pyramides de Gizeh

PYRAMIDE 1 : MAYA

Vous venez de dessiner le Castillo, célèbre temple construit par les Mayas **à Chichén Itzá, au Mexique**. Haut de 30 mètres, il a été érigé en l'honneur de Kukulkán, le serpent à plumes, dieu de la Résurrection et de la Réincarnation.

Les Mayas vouaient un culte au soleil, et certains éléments de cette pyramide en attestent. Comme les 365 marches présentes sur les 4 côtés de la structure, ou encore les jeux d'ombres géniaux aux équinoxes et aux solstices d'été ; l'ombre des marches forme alors comme le corps du serpent Kukulkán, qui s'allonge jusqu'à la statue de serpent, au pied de la pyramide.

PYRAMIDE 2 : KHÉOPS

C'est bien Khéops, et pas Khéphren, ni Mykérinos (même si elles sont proches !).

PYRAMIDE 3 : LOUVRE

C'est la plus récente des trois ! La pyramide du Louvre, située au milieu de la cour Napoléon du musée du Louvre à Paris. Imaginée par l'architecte Ieoh Ming Pei et inaugurée en 1989, elle mesure 21 m de haut et marque l'ouverture du musée. **Au-dessous, elle abrite une pyramide inversée qui mesure 7 m de haut (ou de bas) !**

④ SOLUTION DE LA PAGE 141 > Village de Gangi

Vous n'avez pas trouvé Charlie ? Eh bien c'est normal, **Charlie est chez lui, dans la 4e maison en partant de la gauche**, près de la rouge, tranquillement installé dans sa cuisine. Il petit-déjeune, avec un bon expresso et un *cannolo*, une pâte frite farcie de ricotta, de crème sucrée (il ose même parfois la version chocolat !). Cette spécialité sicilienne se mange à toute heure de la journée !

D'ailleurs, quand il vient en vacances à Gangi, Charlie recharge ses batteries en profitant de la folle gastronomie sicilienne, et notamment de sa street food : Palerme en est la capitale européenne !

4 PARCS NATIONAUX POUR EN PRENDRE PLEIN LA VUE

Si vous déchiffrez ces lignes, c'est que vous avez trouvé un miroir ou que vous êtes en train de tenir votre livre devant la glace de la salle de bains. Dans les 2 cas, félicitations ! Partons sans plus attendre dans l'Utah, cet extraordinaire État de l'est des États-Unis qui compte un nombre incalculable de merveilles naturelles !

STOP OU ENCORE ?

Vous en avez marre de lire dans un miroir mais vous aimez beaucoup l'Utah ? Allez voir p. 69, on vous parle du parc national de Capitol Reef… et la page est à l'endroit ! Et aussi, on est sympas : on a mis cette page dans le bon sens p. 188.

ARCHES NATIONAL PARK

Classique… mais fantastique ! Ce sont plus de 2 000 arches naturelles qui vous attendent dans un environnement désertique où la terre devient rouge au coucher du soleil. Des randonnées simples permettent d'accéder à des arches magnifiques. Immanquable !

ZION NATIONAL PARK

Autre ambiance ici, mais pas moins extraordinaire. Cette fois, c'est dans de profonds canyons que ça se passe, entourés de formations rocheuses impressionnantes. À découvrir lors d'une randonnée qui oblige à marcher dans l'eau. Inoubliable, surtout si on n'a pas prévu les bonnes chaussures !

BRYCE CANYON NATIONAL PARK

Le décor est à couper le souffle avec ses cheminées de fées, ces immenses formations rocheuses pointues qui se dressent sur des kilomètres. Là-bas, ils appellent ça des *hoodoos*, et en hiver avec de la neige, les jeux de couleurs sont fous !

CANYONLANDS NATIONAL PARK

Des canyons vertigineux, des cheminées de fées, des gorges et des ruines de villages indiens. C'est pas loin d'être un condensé des 3 parcs précédents !

CE QU'ON NE VOUS A PAS DIT

MONT FANJING (P. 12)

Au départ, ce qui nous a marqués au sujet du mont Fanjing, c'est le nombre de marches à monter pour arriver au sanctuaire : 8 888 exactement. Alors on a cherché des informations intéressantes autour de cette histoire de marches… Et c'est là qu'**on a découvert Li Longlong et son stupéfiant record du monde de nombre de marches montées sur la tête** : 36 !

Les consignes sont strictes (et certifiées par le Guiness Book) : seule la tête est autorisée à toucher les marches, et pas plus de 5 secondes par marche. Si vous ne voyez pas trop à quoi ça ressemble, pas de panique : **la vidéo du record est ici, et elle vaut le détour !!**

PHARE DE THRIDRANGAR (P. 18)

Le groupe de rock islandais Kaleo aime bien faire des performances live dans des endroits époustouflants d'Islande… et on adore ! Celle qui nous intéresse le plus, c'est celle tournée en haut du phare de Thridrangar.

Et les fans d'Islande (ou de Kaleo) sauront apprécier aussi les clips tournés :

dans le cratère du volcan Thrihnukagigur

sur un iceberg sur le glacier Fjallsárlón

devant le nouveau volcan (Fagradalsfjall) en éruption

PYRAMIDES DE MÉROÉ (P. 52)

La civilisation koushite vous a étonné ? Ces pyramides vous ont surpris ? Vous voulez en savoir plus et vous plonger dans cette histoire extraordinaire ? **Petit instant Petaouch'Culture** avec une sélection de quelques liens pour approfondir.

En bref, un documentaire de 8 minutes pour tout comprendre ▶

◀ En moins bref, un podcast de 30 minutes signé France Culture

En beaucoup moins bref, un documentaire de deux fois 45 minutes signé Arte ▶

Et bien sûr, pour les fans de pyramides et de mystères plus branchés momies que pharaons noirs, nous conseillons l'improbable trilogie cinématographique : *La Momie*, *Le Retour de la Momie* et *La Momie : la Tombe de l'Empereur Dragon* !

VALLÉE DE LA GERIA (P. 56)

On vous a trouvé LE meilleur moyen de découvrir cette vallée viticole : **le WineRun de Lanzarote !** Une course à pied de 23 ou 12 km dans les paysages lunaires et spectaculaires des vignobles de l'île, avec sur le trajet, arrêts dégustation de vin et tapas… et grosse soirée avec concert et food festival !

Amis sportifs : sachez que les 12 km peuvent se faire en marchant ;)

SHARK BAY (P. 92)

Tracks, c'est le titre du livre de Robyn Davidson qui raconte son incroyable traversée de l'Australie avec ses 4 chameaux et son chien, ainsi que sa relation complexe avec le photographe du National Geographic venu couvrir son expédition.

Depuis 2013, Tracks est aussi un – très bon – film tiré de cette histoire et validé par Robyn Davidson elle-même ! Mia Wasikowska (Alice dans le *Alice au Pays des merveilles* de Tim Burton) joue le rôle de la Camel Lady, et Adam Driver (*Star Wars*, *Annette*) celui du photographe.

La bande-annonce est ici

PALAIS DES VENTS (P. 128)

On ne sait pas pour vous, mais ce palais des Vents, avec sa symétrie parfaite et sa couleur rose pastel, **ça nous fait pas mal penser à un décor des films de Wes Anderson**, ce réalisateur américain à l'univers subtilement rétro, pop et coloré.

Il existe d'ailleurs un génial compte Instagram qui publie des photos prises par des internautes du monde entier devant des bâtiments ou des lieux « wesandersoniens ». Ça s'appelle **AccidentallyWesAnderson**, et ça vaut vraiment le coup d'œil !

PYRAMIDES DE GIZEH (P. 132)

Après les 7 couleurs de l'arc-en-ciel révisées en page 70, on vous propose de repasser les **7 merveilles du monde antique**… La pyramide de Khéops en est la seule rescapée !

LA PRESTIGIEUSE LISTE

1. **les jardins suspendus de Babylone** (Irak)
2. **la statue de Zeus à Olympie** (Grèce)
3. **le temple d'Artémis à Éphèse** (Turquie)
4. **le phare d'Alexandrie** (Égypte)
5. **le colosse de Rhodes** (Grèce)
6. **le mausolée d'Halicarnasse** (Turquie)
7. **la pyramide de Khéops** (Égypte)

Et puisqu'on en est là, récitons ensemble les prénoms des 7 nains : Atchoum, Joyeux, Prof, Simplet, Timide, Dormeur et Grincheux !

CASCADES DE BAN GIOC (P. 34)

Pour votre disco trip en train direction le Vietnam, et la traversée de la Russie, on vous a parlé du super projet de Thylacine qui a composé un album pendant son voyage de 13 jours à bord du Transsibérien (p. 36). Son album est composé de 10 titres, et le documentaire qui retrace son expérience est découpé en… 10 épisodes de 5 minutes. Coup de cœur !

Avec son *Transsiberian*, Thylacine nous plonge vraiment dans un voyage extraordinaire, mélangeant sons, rencontres, ambiance, ressenti et recherche d'inspiration. Un format à mi-chemin entre un documentaire et un clip musical. On adore !

La bande-annonce est là

MONASTÈRE DE SÜMELA (P. 25)

Quand on a contacté le photographe Fatih Morgül pour sa photo du monastère de Sümela, il a tout de suite accepté de rejoindre l'aventure, **et en bonus, sans qu'on le lui demande, il nous a envoyé ses photos prises à l'intérieur du monastère** ! Elles sont très belles, et elles donnent une nouvelle vision de cet incroyable endroit : encore merci à lui !

Selon la légende, c'est la découverte d'une icône de la Vierge Marie dans une grotte qui a conduit deux moines à construire cet endroit.

Les extraordinaires fresques qui recouvrent les murs et les plafonds de l'église creusée dans la roche et des nombreuses chapelles du monastère datent des 14e et 17e siècles.

Depuis les chambres, la vue sur la vallée d'Altındere est plutôt dégagée… et tout à fait vertigineuse !

PLAGE DE GOUVILLE-SUR-MER

On s'est dit qu'un petit détour dans le Cotentin, en fin de volume, ça ne pouvait que faire du bien. D'autant que cette photo donne la pêche !

Cet alignement de maisons colorées face à la Manche est magique ! À mi-chemin entre la brique LEGO et la maison de Monopoly, ces cabines de plage sont posées sur la dune depuis 100 ans et se transmettent de génération en génération.

Il n'en reste plus que 67, et elles sont très précieuses : **aucune nouvelle cabine ne peut être construite**, et si l'une tombe en ruine, elle ne sera pas remplacée...

ON Y VA ! Le plus simple, c'est de viser la ville de Coutances en Normandie. De là, un bus ou un taxi, et paf ! En moins de 15 minutes, vous êtes à Gouville-sur-Mer !

@MATHEO_JBT

Mathéo est né et a grandi dans les Alpes, puis s'est acheté un drone avant de partir en voyage. ce qui nous donne un compte aux photos très nature, très visuelles et très graphiques.

CHÂTEAU DE MCDERMOTT

Cet endroit est dingue. La photo est dingue. Johannes, le photographe, aussi ! Impossible de garder pour nous cette image !

Ce château est presque trop beau, trop en ruine et trop isolé pour être vrai ! Construit sur une île au milieu d'un *lough* irlandais il y a 800 ans, puis abandonné, il a été reconstruit par la famille royale il y a 200 ans avant de retomber en ruine.

La légende raconte que Una, la fille du chef McDermott, tomba amoureuse de Tomas, un homme beau, fort... mais de rang inférieur. Pour empêcher leur mariage, le chef exila sa fille sur l'île. Tomas tenta alors de la rejoindre à la nage, mais il se noya, ce qui fit périr Una de tristesse.

Leur tombe - ils sont enterrés ensemble sur l'île - donna naissance à 2 arbres enlacés, symbole de leur amour éternel.

ON Y VA ! Le lac de Lough Key est parsemé d'îlots, dont cette île surnommée Castle Island. Des barques permettent de se balader paisiblement autour, mais interdiction d'y accoster.

@BOKEHMON

Johannes est l'un des tout premiers photographes à avoir rejoint l'aventure. Un effet boule de neige décisif pour la réussite de notre ouvrage ! (À noter, le 2e « o » de son compte est un zéro.)

OLD KEISS CASTLE

Attention, c'est le dernier spot du livre. Plus de surprise ou de bonus après lui. Un dernier shoot d'Écosse, une dernière merveille, et au lit !

Cette silhouette perchée au sommet de falaises abruptes, surplombant la mer, est spectaculaire ! Bien qu'en ruine, avec une tour et plusieurs étages écroulés, le château se tient fièrement face à la baie de Sinclair depuis 4 siècles !

Mais Old Keiss Castle a été bâti un peu trop près du vide… **À peine 100 ans après sa construction, la falaise s'est effondrée, entraînant avec elle une partie des murs…**

ON Y VA ! Difficile de faire plus au nord-est de l'Écosse ! Si vous êtes arrivé là, ce serait dommage de ne pas aller explorer les îles Orcades, extraordinaire archipel sauvage situé à seulement 16 km des côtes écossaises.

@CHRIS_J_HOUSTON

Hasard ou pas, Chris est écossais, et son compte est rempli de photos aux ambiances froides, sauvages et brumeuses. Avec un passé de sportif fan d'escalade qui ressort de temps en temps pour quelques superbes photos d'expéditions (souvent froides et sauvages !).

1 000 000 000 DE MERCIS

MERCI AUX 38 PHOTOGRAPHES !

Ils sont 38, ils viennent des quatre coins du monde, certains ont 700 000 abonnés sur Instagram, d'autres 3 000, ils sont talentueux, parfois difficiles à contacter, et ils ont tous accepté de donner leur photo pour le projet et le soutien au Secours populaire. Pas sûr qu'on arrive un jour à les remercier assez !

On vous invite à aller voir leur compte, à vous abonner éventuellement et, si le cœur vous en dit, à leur envoyer un petit message pour leur faire un coucou de Petaouchnok !

Les revoilà par ordre alphabétique !

Viktor Asztalos (vallée de Stryn, p. 124), **Piotr Bratosiewicz** (forteresse de Sigiriya, p. 78), **Quentin Buscaylet** (vallée de La Geria, p. 56), **Erik Chistov** (phare de Thridrangar, p. 18), **Thomas Chu** (village d'Uummannaq, p. 164), **Vincent Croce** (église de Wendelstein, p. 22), **Pelle Faust** (gorges de Kamenice, p. 88), **Ludovic Frémondière** (village de Henningsvær, p. 46), **Stefano Gera** (baie de Phang Nga, p. 98 et 4e de couverture), **Hiro Goto** (mont Fuji, p. 38), **Gonzalo Granja astón** (Cono de Arita, p. 64), **Jord Hammond** (mont Fanjing, p. 12), **Julian Herbrig** (lac de Bled, p. 30), **Cédric Houmadi** (volcan Bromo, p. 150), **Chris Houston** (Old Keiss Castle, p. 200), **Johannes Hulsch** (hameau de Meneham, p. 136 + château de McDermott, p. 198), **Dominik Inauen** (église San Giovanni in Ranui, p. 112), **Rannvá Joensen** (village de Bøur, p. 74), **Mathéo Joubert** (plage de Gouville-sur-Mer, p. 196), **Hisham Karouri** (pyramides de Méroé, p. 52), **Jeremie Kung** (presqu'île de Quiberon, p. 96), **Ylli Lamaj** (palais des Vents, p. 128), **Matthew Massa** (île de Padar, p. 120), **Daria et Roberto Mazzarago** (Polignano a Mare – Photo by ImaginApulia © U-Pulp Visual & Motion, p. 144), **Stuart McKay** (Old Man of Storr, p. 84), **Aaron McRae** (parc du Mont Tremblant, p. 82), **Roman Moran** (Laguna Colorada, p. 156), **Fatih Morgül** (monastère de Sümela, p. 24 et p. 194-195), **Sébastien Nagy** (palais de Pena, p. 14 + pyramides de Gizeh, p. 132 et 4e de couverture + village de Gangi, p. 140 + baie du Mont-Saint-Michel, p. 148), **Thomas Nguyen** (lac des Corbeaux, p. 116), **Luca Renner** (géoparc de Zhangye Danxia, p. 60), **David Rule** (Bentonite Hills, p. 68 + Reflection Canyon, p. 160), **Nick Skeyes** (falaises d'Étretat, p. 102), **Matt Steel** (calanques de Piana, p. 110), **Aleksei Usikov** (église de Guerguéti, p. 42), **Mica Veras dos Santos** (cascades de Ban Gioc, p. 34), **Merr Watson** (Shark Bay, p. 92 et 4e de couverture) et **Tristan Young** (Old Harry Rocks, p. 104).

MERCI ET BRAVO AUX 11 ABONNÉS PETAOUCHNOK !

À la différence des 38 photographes précédents, ces 11-là ont été choisis par la communauté Petaouchnok, qui s'est exprimée par plus de 10 000 votes !!! Et eux aussi ont accepté de céder leurs droits sur leur photo, et à eux aussi on dit **UN IMMENSE MERCI !**

Juliette Darmon Martinet (p. 178), **Guillaume Floris** (p. 179), **Patrick Gouret** (p. 182), **Julien Guyard** (p. 175), **Nicolas Jehly** (p. 180), **Corentin Le Léannec** (p. 174), **Linda Martinez** (p. 171), **Julio Pendilhe** (p. 176), **Delphine et Maxime** (p. 172), **Mandy et Nadia** (p. 170), **Pauline et Benoît** (p. 183).

ILS NOUS ONT FAIT RÊVER

C'est un bonheur de les suivre toute l'année, et ça a été plus qu'un bonheur quand ils ont accepté notre invitation à venir raconter leurs voyages dans les pages de ce livre ou à illustrer des destinations avec leurs photos. Abonnez-vous à leur compte, allez voir leur site : vous ne serez pas déçu !

Merci à **Stéphane Ridard (@stephaneridard)** pour son incroyable photo du nouveau volcan islandais (p. 21).

Merci à **Caro et Fred (@casquette_baskets_ontheroad)** pour leur folle aventure en Turquie… et au-delà ! (p. 26).

Merci à **Elisa & Max (@bestjobers)** pour leur trip magique au Japon en plein hiver (p. 40).

Merci à **Vanessa Martin (@leblogcashpistache)** pour sa superbe visite de la région autour de Zhangye en Chine (p. 62).

Merci à **Clara Ferrand (@clarafotomania)** pour ses 2 jours mémorables de raquettes dans les Vosges (p. 118).

Merci à **Camille Michel (@camille_michel_)** pour sa plongée dans le village de Siorapaluk au Groenland (p. 166).

ET MERCI À TOUS NOS ABONNÉS QUI NOUS SUIVENT DEPUIS LE DÉBUT SUR INSTAGRAM !

Rendez-vous sur @petaouchnok pour continuer le voyage !

CE LIVRE N'AURAIT JAMAIS VU LE JOUR SANS EUX

TEAM HACHETTE

Cécile Petiau. Un message sur Instagram « Coucou, c'est Hachette », une première rencontre qui valide notre idée de livre pour soutenir le Secours populaire, des plannings légendaires et une bonne humeur à toute épreuve : le top !

Marine Barbier-Blin. L'atout pragmatisme qu'il nous fallait ! Sans Marine, on aurait sans doute sorti notre ouvrage en 2023, avec des informations pas toujours précises et un nombre de pages délirant. Il faut toujours avoir une Marine avec soi !

Joël Ambroggi. Il a pris le train en marche, et son regard neuf nous a fait beaucoup de bien, nous éclairant de ses remarques et de ses interrogations justes. Et puis, dans la dernière ligne droite, il a su garder le sourire, même en plein mois d'août !!

TEAM GRAPHISME

Irène Sellier. Elle a eu l'immense mérite – courage ? – de partir de la fameuse page blanche et d'inventer toute la charte graphique de notre livre… à un moment où on ne savait pas encore très bien à quoi il allait pouvoir ressembler… Si aujourd'hui cet ouvrage a meilleure mine, c'est clairement grâce à Irène !

Véronique Joffroy. Véronique est arrivée pile-poil au moment où on a eu des idées marrantes à mettre en page. « Alors là, on va faire comme un album Panini pour découvrir l'Argentine. Et puis là, on aimerait faire un jeu de l'oie en forme de pyramide… » Et ça n'a pas eu l'air de lui faire peur ! Merci à toute la team Maogani !

Mike Stefanini. Depuis le temps qu'on est fans de ses illustrations, l'embarquer dans l'aventure a été un vrai plaisir ! D'autant qu'on a tout de suite partagé les mêmes idées autour du livre… et les mêmes soirées charrette pour finir dans les temps : son voyage en van 8 places l'attendait !
> atomike-studio.com

TEAM BOOSTER

Malika Tabti. Au moment de la rencontre avec Malika, on était un peu dans le dur, la tête dans le guidon pour tenter de finir le livre dans les temps. En 1 heure à peine, Malika nous a rechargés à bloc avec son énergie communicative et sa présentation de l'extraordinaire travail que fait tous les jours le Secours populaire pour les vacances (et pas seulement).

Daphné Bürki. C'est fou tout ce qu'elle fait en tant que marraine du Secours populaire ! Quand on lui a parlé de notre projet de livre, elle nous à tout de suite mis en relation avec Malika. Un petit coup de fil qui change tout. Encore merci !

Victor David. Il est arrivé dans l'équipe Petaouchnok en plein milieu de la tempête de cet ouvrage, et ça ne l'a pas refroidi ! Sa bonne humeur, sa moustache et ses jeux de mots incessants nous ont bien aidés dans le sprint final !

Nicolas Sirot. L'homme aux mille idées à la seconde nous a permis d'avoir un bureau pour finir le livre dans les meilleures conditions. Big up à toute la team Ubiq et à leurs bureaux de rêve !

TEAM CHAT

Tao. Il n'a évidemment servi à rien pour ce livre, mais comme les chats ramènent des likes, on s'est dit que ça ne pouvait pas faire de mal !

TOUT CE QU'ON PEUT FAIRE À PETAOUCHNOK

Du vélo, de la rando, du canoë, des raquettes, du rickshaw… retrouvez toutes les activités évoquées dans ce livre en un clin d'œil ! Pas facile de s'ennuyer à Petaouchnok !

BAIGNADE & SPA

CANOË & KAYAK

CANYONING

ESCALADE

FESTIVAL & CULTURE

FOOTBALL

MONTGOLFIÈRE & PARAPENTE

PADDLE

PLONGÉE

RANDONNÉE

ROADTRIP

SKI & RAQUETTES

SURF

VÉLO

VOLONTARIAT

CRÉDITS PHOTOS

Shutterstock

Adel Newman p123 n°5. aju prasetyo p151cg. akimov konstantin p134 n°16. Alex Konti p15c. Anansing p100 n°1. Andrew Mayovskyy p31cd. Angelina Cecchetto p149c n°4. Angyalosi Beata p139 n°4. Anibal Trejo p66 n°7. Anna Om p17c. anthony heflin p188c. artform p134 n°6. Asif Islam p189b. Aureliy p37 n°3. Athikhom Saengchai p131 n°3. Avinash Gatreddi p37 n°5. Baturina Yuliya p36 n°1, p39cg. Bborriss.67 p39cc. BBP76000 p99cc. Beboy p111cg. Botond Horvath p159 n°5. Brandelet p187cg. Canadastock p115hg. Cezary Wojtkowski p61cg. Chavos.World p134 n°21. ChrisNoe p48b. Christopher Moswitzer p114hc. Coatesy p87b. costas anton dumitrescu p61cc. Creative Travel Projects p45bg. Daniel Prudek p65cg. Daniel Vertiz p151cd. Daniel_Kay p107h n°1. Dave Head p107h n°2. Delpixel p111cc, p159 n°6. Dinosmichail p33h. Direction Studio p134 n°20. Doctor_J p113cg. DOM STOCK p188 (logo b), p188 (logo cg), p189 (logo bd), p189 (logo hd). Drummer_vn p139 n°5. Dudarev Mikhail p81 n°4. El Greco 1973 p134 n°3. Elleon p158 n°4. Engel Ching p107 n°1. Everst p125cc. f11photo p65cd, p95 n°4. FaRifo p111cd. Gabriela Le p20 n°1. Gaspar Janos p113cd. Gaston Piccinetti p66 n°5. Giovanni Rinaldi p33b. Giuma p145bc. Givaga p134 n°2. Grisha Bruev p125cg. Harry Hermanan p121cd, p123 n°2. Helen Hotson p107h n°4. HelloRF Zcool p13cc. Hologram p32 n°2. I Shafiq p95 n°3. imageBROKER.com p67 n°10, p114cd. Iren Key p131b. Irin.a.r.t p134 n°12. Istvan Csak p31cc. Ivan Soto Cobos p187hd. James Steidl p134 n°23. Jan Wehnert p138 n°2. Jaromir Chalabala p134 n°4. jiu yue p13cd. JMP_Traveler p19d. Krasula p19g. Ksenia Ragozina p158 n°1. Kucher Serhii p134 n°18. Laura Pl p36 n°2. Leszczem p45bd. Luis Boucault p70hg. MagSpace p95 n°1. Marianna Ianovska p32 n°3. Martin M303 p45bc. Matyas Rehak p61cd. Mazur Travel p131 n°1. MC_ Noppadol p100 n°2. Mountains Hunter p134 n°16. Mumemories p83cg. Naeblys p114cg. Nataliya Hora p87 n°2. Nejdet Duzen p26 n°3. Nguyen Quang Ngoc Tonkin p35cd. Nhan Le photo p35cg. Nick Brundle Photography p134 n°5. Nicollettebohm p121cg. Nomad1988 p35cc. Nordicyigit p49bd. Nvphoto p17g. OpMaN p100 n°3. Paul Daniels p107h n°3. Pcruciatti p113cc, p134 n°10. Petr Tran p123 n°3. Philippe Ingels p134 n°1. Photosounds p32 n°1. Ping Tj p149c n°2. Puyalroyo p95 n°2. Q STOCK p39cd. Qualtaghvisuals p65cc. R.M. Nunes p122 n°1. Radek Sturgolewski p70hc. Redcr p71hd. Retha Wepener p151cc. Roman Babakin p143 n°1. Rustam Berdiyev p99cg. Sahara Prince p134 n°22. San Hoyano p70hd. Sara Winter p47cc, p149c n°3. saranya33 p149c n°1. Scalia Media p83cc. Scott Prokop p188b. Sean Pavone p48h, p189h. Sergio Miklos Photography p134 n°15. Serjio74 p67 n°8. Smit p21b, p49bc, p76bg. SP rabbito p99cd. steved_np3 p106. Sunsinger p66 n°1. Sven Hansche p138 n°3. The Road Provides p134 n°11. tan_tan p134 n°7. TRphotos p19c, p125cd. Umomos p115hc. V_E p37 n°4. Valentin Valkov p115hd. Viktor Prymachenko p134 n°14. Volodymyr TVERDOKHLIB p83cd. Wirestock Creators p89cc. Yannik Photography p76bc. Yasonya p17d. Yulia_Bogomolova p107 n°2.

Getty Images

500px Asia/Sino Images p13cg. Abstract Aerial Art p58 n°1. Afriandi p121cc, p123 n°4. Alexey Tsiklauri / EyeEm p45h. Andris Barbans p76bd. Annapurna Mellor p131 n°2. ansonmiao p49h. AscentXmedia p81 n°3. Carl Remmin / 500px p59h. carlo alberto conti p145bg. clu p97cg. Created by Tomas Zrna p89cd. Dave Williams p21c. David C Tomlinson p26 n°2. EXTREME-PHOTOGRAPHER p55b. Fabian von Poser p54 n°1, p54 n°3. Feifei Cui-Paoluzzo p20 n°4. Francesco Riccardo Iacomino p31cg, p58 n°2. Francesco Vaninetti Photo p145bd. Gary Yeowell p134 n°17. gradyreese p94c. Hugh Sitton p81 n°1. İlhan Eroglu / 500px p143 n°2. James Strachan p134 n°9. Jeremy Woodhouse p143 n°4. Jing Guo / 500px p47cg. Jonathan Dakin / EyeEm p49bg. Jordan Siemens p20 n°3. Juan Carlos Munoz p66 n°2. Kelly Cheng Travel Photography p71hc. Konstantinos Ouzounidis / EyeEm p159 n°7. Manuel D'amico / EyeEm p143 n°3. Michael Nolan p71hg. Orbon Alija p58 n°3. pixdeluxe p94b, p94h. Rico Bhmer / EyeEm p89cg. Roberto Moiola / Sysaworld p76c, p77b. Roman Donar / EyeEm p87 n°3. Royce Bair p71b. Sasipa Muennuch p158 n°3. sergey Mayorov / 500px p54 n°2. Sergio Torres Baus / 500px p15d. Starcevic p15g. surangaw p81 n°2. Thanan p27h. TONNAJA p87 n°1. Tunart p26 n°1. Westend61 p20 n°2, p47cd, p158 n°2. www.flickr.com/photos/birdigol/ p27b.

AdobeStock

Forgem p114-115 (fond). Mari79 p187cd. MiaStendal p134-135 (pyramides fond). noirchocolate p187bg. Phawat p134 (plateau jeu). stickmyhome p186h. wooddy7 p130b (couleur), p130h (couleur).

Les pictos des cartes d'ouvertures proviennent de : blackpencil, chekman, FourLeafLover, gingerwisl, Matsabe, Matynia, Wiktoria.

HEMIS

DALMASSO Monica p97cc. STICHELBAUT Benoit p97cd.

Autres

© Stéphane Ridard p2h.

© JM Rayapen / SPF p5.

© Diving Museo Atlantico / Jason deCaires Taylor p59c.

© Jean-François Mallet (portrait et recette) p101.

© Nathalie Guyon pour le portrait de Daphné Bürki p205.

QUI FAIT QUOI ?

AUTEURS

Raphaël de Casabianca et Antoine Delaplace / Petaouchnok

CONCEPTION GRAPHIQUE

Couverture et maquette intérieure : **Irène Sellier**
Illustrations des ouvertures de chapitre et de la p.9 : **Mike Stefanini**
Illustrations des cartes dessinées et des petits dessins : **Irène Sellier et Maogani**
Mise en pages : **Maogani** (sauf les p. 6-9, 14-23, 42-45, 60-71, 74-77, 84-89, 104-105, 136-145 et 170-183 Irène Sellier)

HACHETTE TOURISME

Direction : **Sidonie Chollet**
Direction éditoriale : **Cécile Petiau**
Édition : **Joël Ambroggi et Marine Barbier-Blin**

ONT ÉGALEMENT COLLABORÉ

Joséphine Bonneau et Émilie Saint-Pastou
Cartographie : **Frédéric Clémençon et Aurélie Huot**
Fabrication : **Liza Sacco**
Lecture-correction : **Magali Vidal-Revel**
Contact presse : **Rachida Mazef rmazef@hachette-livre.fr** Tél 01 43 92 36 66
Contact publicité et partenariats : **partenariat-tourisme@hachette-livre.fr**

L'éditeur remercie **Catherine Saunier Talec** pour son inspiration
et son soutien sans faille à ce projet.

Édité par Hachette Livre (58, rue Jean-Bleuzen, CS 70007, 92178 Vanves Cedex)

Imprimé en Espagne par Graficas Estella
Achevé d'imprimer : décembre 2021 – Dépôt légal : octobre 2021
ISBN : 978-2-01-395906-3 • 75-6726-9
Collection n° 62 - Édition : 02